反焦虑

今天我们怎样当家长

胡赳赳 主编

南方传媒　广东人民出版社
·广州·

图书在版编目（CIP）数据

反焦虑：今天我们怎样当家长 / 胡赳赳主编 . —
广州：广东人民出版社，2022.5（2022.9 重印）
　　ISBN 978-7-218-15704-7

Ⅰ . ①反… Ⅱ . ①胡… Ⅲ . ①家庭教育 Ⅳ . ① G78

中国版本图书馆 CIP 数据核字（2022）第 049541 号

FAN JIAOLÜ: JINTIAN WOMEN ZEN YANG DANG JIAZHANG

反焦虑：今天我们怎样当家长

胡赳赳　主编

出 版 人：肖风华

责任编辑：李力夫
责任技编：吴彦斌　周星奎
装帧设计：孙　初　胡振宇

出版发行：广东人民出版社
地　　址：广东省广州市越秀区大沙头四马路 10 号（邮政编码：510102）
电　　话：（020）85716809（总编室）
传　　真：（020）85716872
网　　址：http://www.gdpph.com
印　　刷：三河市中晟雅豪印务有限公司
开　　本：880mm×1230mm　1/32
印　　张：8　**字　　数：**102 千
版　　次：2022 年 5 月第 1 版
印　　次：2022 年 9 月第 2 次印刷
定　　价：58.00 元

如发现印装质量问题，影响阅读，请与出版社（020-85716849）联系调换。
售书热线：（020）87716172

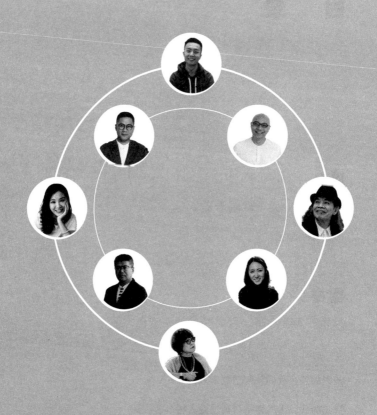

目　录

凯叔：
故事带给孩子不着力的愉悦感

林曦：
用美来培育精神饱满的人

王熙乔：
相信每个人都是天生的学习者

蔡志忠：
我的决定父母永远支持，从不问为什么

赖念华：
不被评价地玩，孩子的创造力会越来越高

193

后记：
焦虑的力量

226

序

" 儿童教育，

当下就是未来 "

● 杨东平，21世纪教育研究院名誉理事长，国家教育咨询委员会委员，中国教育三十人论坛成员。

儿童教育，
当下就是未来

如果用一个词来形容当下的教育，那就是"焦虑"了。焦虑感覆盖了每一所学校、每一个家庭，使亿万儿童生活在以焦虑为驱动的教育重压下。有人把这种无休止的、无效的、摧残儿童的"学历军备竞赛"称为"教育内卷化"，其实这是一种系统性的内耗和退化。对这一现象，另一个描述也是适合的——"失控"。当我们越来越强有力、无所不用其极地企图控制儿童、控制未来时，青春和生命则处于不断损耗、消磨、溃散之中。

　　"失控"在我们身边持续。肆虐全球、看不到终点的新冠病毒，提示我们未来社会存在巨大的不确定性，而这也不啻是对全球化时代文明危机的一次预警。关于以互联网和智能机器人为特征的下一个时代，我们已经确切地知道，高技术、大数据、互联网将消灭今天大量的职业和就业。这并不仅仅是职业流动和变换的加速，更意味着人类命运的根本变化——只需要5%的人从事生产，而另外95%的人将沦为"无用人"。我们曾熟悉的、确定的、稳定的世界——包括制度安排、生活方式、生命意义等都在漂移、流动、离散，如同气候变暖影响下的北极冰面。当我们迫不及待地追赶未来，让儿童学得更早、更多的时候，也许真正应当担忧和追问的是下一代将如何安身立命。

　　本书对几位智者、行动者和学习者访谈的记录，给我们提供了化解焦虑的清凉剂和解药，而且为我们打开了一个新视界、新天地。关于什么是好的教育，我们应当如何成人、如何学习这些根本性的问题，或许没有标准答案，但这种反思、感悟和改变现实的行动，的确为我们指明了能够通往未来的门径。

家长对教育的焦虑在很大程度上是一种观念的"魔咒"，它只能用新观念来破除。今天，中国的家长和学校亟待弥补的这一课，是"正三观"，即儿童观、未来观和教育观。

所谓儿童观，简而言之，就是按照儿童成长的规律，把儿童当作儿童来对待，首先保障他们的游戏、娱乐、睡眠和健康。当我们说儿童是天生的学习者、每一个儿童都有无限学习的潜力时，并不是让儿童成为承载知识技能的容器或实现他人目标的工具，而是要保护他们天生的好奇心和想象力，发现他们独特的个性和爱好，最终使他们成为最好的自己。

任何针对儿童教育的决策和选择，都建立在家长对未来的认知上。用今天的教育培养人的未来属性，构成了它自身最大的悖论和风险，因为我们对人生的经验全部来自过去。当我们将未来模式设置为赶超型时，就已经失败了，因为"世界上最聪明的人也很难预知十年、十五年后世界的样子"。例如，科技狂人马斯克的预言，脑机接口技术将使学生不必再学习外语；当孩子长大时，机器人已经能够编程。

连接现实与不可测未来的载体，恰恰就是儿童。儿童既是当下，又是未来。为不可捉摸的遥远未来而牺牲当下的生活，是一个具有蛊惑力和破坏性的策略。多少学校、家长都是以这样的大话来控制和摧残学生的啊！"不能输在起跑线上"这样的忽悠，似乎构建了从起点到终点确定的线性关系，但它只对竞技体育是有效的。儿童的发展和成长不仅是一场漫长的马拉松，而且由于每一个儿童的独特禀赋和个性，伴随着时代和环境的变化，其丰富性、多样性和复杂性都是难以想象的。当我们还在将他们化约为一个"标准儿童"，用"教育工厂"大一统的陈旧模式去塑造他们时，新的教育环境和教育图景正在出现，这就是以互联网为特征的学习化社会。创办"探月学院"的王熙乔说："全世界最好的知识都在线上，所有的知识和信息都可以在线上获得，每个人身上所贴着的那种标签开始不重要了，比如不一定非得是电影学院毕业的才能去拍电影。这种变革其实是一个去标签化的过程，我们不再生活在一个只看学历的世界里了。"我们的观念和行为适应这样的变化了吗？

关于儿童教育，可以说"只有当下，没有未来"，或者说"关注当下，就是关注未来"。主张

"教育即生活""教育即生长"的杜威，明确地提出教育就是儿童现在生活的过程，而不是将来生活的预备。除了儿童的健康生长，教育并无其他目的。若童年没有快乐，未来也不会快乐，因为快乐是一种能力，也是一种行为习惯；若童年身心不健康，那他就很难有美好的未来了。王甘老师说得好，"我不知道什么是好的教育，但我知道什么是不好的教育。那就是每个阶段都在为下一个阶段做准备的教育"。确实，"只要把当下的事情做好，就不用焦虑了"。

好的教育就是关注当下、回到儿童本身，"从以焦虑为驱动的教育转移到以爱为驱动的教育"。这需要家长建立清晰的教育观或学习观，认清什么是最重要的。想要摆脱成为"小镇做题家""二流机器人"的命运，人必须做更高级的事情，而不是去课外培训班寻找未来。梁冬说："儿童教育的本质，应该关注那些不变的东西，而不是那些变化的东西。因为变化你是追不上的，而那些不变的东西是重要的。"那些不变的东西，就是人区别于机器、人之所以为人的东西。李一诺认为，教育要关注的是冰山结构水面之下的部分，水面之上是外显的知识技能，水面之下隐蔽的部分即态度、情感、价值观，水面之下的这一部分越大、越坚实，可见的冰山也就越高。"探月学院"的目标是，培养"内心丰盈、积极行动的未来公民"，通过不断地自我认知和构建自信的方式，让学生都能够建立完整的思考方式去面对世界的不确定性。

其实，还有一种教育特质是在冰山之上、在人的头部以上的，这就是关于悟性、灵性、觉性的教育，其在现实的教育中十分匮乏。林曦说："当人站在一个更远更高的角度去看待生活的时候，会发现很多我们以为的意义都是虚无，真正有意义的是人自我的体现。"超越机器人的教育需要"跨维"，是在创造、审美、生活方式的维度，关于创意、创造、设计、情感、健康、艺术、灵性、快乐、有趣等，促进人的自我实现。

另一个重要方面是家长要首先关注自己。如何和自己相处，让自己活得有趣、开心、有满足感，才是最重要的。"父母不能以焦虑的模式来面对这个世界，只有父母自己找到了安全感，孩子才是安全的。""家长需要对孩子的成长抱有敬畏之心，不要让自己成为孩子的天花板。"李一诺说，"不要把生活和孩子的教育割裂开。你的生活和孩子的教育可以是一回事。"王凯说："把自主权交给孩子，让孩子多尝试，发现自己喜欢什么，然后帮助他在喜欢的事情上收获快乐的感觉。"蔡志忠说："最重要的是要自我学习，自我学习的关键就是及早拥有自我学习的能力。""对于儿童的培养，就是要找到他喜欢的事情，并且让他把它做到极致。"这些都是至理名言。

关于什么是好的教育，我们提出过一些正面的回答，即"善待儿童的教育，使儿童免于恐惧的教育，能够保障儿童睡眠和健康的教育"。这似乎是一个最低纲领，但置身于当下严峻的现实，它也成为一个高不可攀的目标。在这个过程中，政府、社会、学校、家庭具有各自的责任，需要为"学历军备竞赛"撤火，构建一个儿童友好的"低竞争、低管控、低评价"的教育生态。

珍惜身边的儿童，过好每一个当下，是我们每一个人莫大的使命啊！

杨东平

2021 年 1 月 7 日

梁冬

" 儿童教育的本质，

要关注那些不变的东西 "

● 梁冬，正安康健、正安文化、正安"自在睡觉"创始人，同时为电台节目《生命·觉者》系列纪录片出品人及访谈人，《冬吴相对论》《梁注庄子》《睡睡平安》《国学堂》出品人及主讲人。

从内到外，我们凭何想象未来？

现在听到别人叫我梁老师的时候，我心里有个小孩在笑，觉得太可乐了。

这个内在的小孩一直在我心里构成一个很有意思的场景：我童年中的一两年是在爷爷家度过的。广州的冬天没有暖气，非常冷，作业做完了也没有任何娱乐活动，我就躲在被窝里，那时候我就只做一件事，就是做白日梦，这就是我当时最主要的快乐源泉。

当时条件很差，所以就逼着我去想一想自己想过什么样的生活。我就想象我要住在一个有怎样光线、怎样味道的房子里，怎样的人陪伴在我身边，如果是个小区的话，有怎样的植物、怎样的书店……每一样细节都想过。

后来我去百度工作，考虑了买房子的事情。正好2005年在百度附近有一个新楼盘，我一走进去就惊呆了——这完全是自己童年想象的那个样子，所以我没有任何心理障碍地就买了那套房子。后来我就会想，这其实也是一种能力，因为童年的匮乏而滋生出的对于未来的想象力。

我读大学的时候学的电视编导，做编导就是拿个摄像机在街上拍，拍完了之后再一帧一帧地把画面剪出来，配上音乐，加上字幕，录上旁白，再配上主持人……把一些毫不相关的事情，连成一个故事，然后呈现给观众，这就是一个电视人受到的再正常不过的训练。但它其实无形中训练了我的一种能力，就是无中生有的想象力。

还有一个跟想象力有关的故事也特别有意思，就是拉片。我在北京广播学院的时候，老师会带我们反复看黑泽明导演的《罗生门》和《乱》。老师先把声音关了，让我们去数镜头，我们才发现，原来你看电影的时候，看的是一个完整的故事，其实当你有镜头意识地看的时候，才能看到这是一个特写、这是一个摇的镜头、这是一个俯拍、这是一个仰视、这是一个黑白画面、这是一个彩色的……

当你有觉察地去看这些画面时，就有一种它是一个又一个画面的感觉，一个镜头接一个镜头。

在观察这些画面的过程中，就开始产生一种能力，就是用看别人电影的方式看自己脑海中的电影的能力，后来我才知道这就是佛陀修行时的那种观照力。观照画面、声音，观照这个人物怎么出现、怎么消失。然后呢，观照音响，观照旁白，最后观照情绪。

我看到这件事情，我产生了情绪，同时这个情绪是可以被分解的。那么它是妒忌还是爱？还是羡慕？还是想拥有？

我也不知道是天生的，还是因经历或者怎样形成的，我就是拥有一种对未来的想象力，这种想象力不仅是画面的，也包含了逻辑推理。

比如我读大学时想象过一件事情，我们学新闻，本质上来说就是一个人向世界做传播，那么理论上来说，就一定存在世界向一个人做的传播。这是我 1994 年构思毕业论文时思考的问题，直到 2004 年，我第一次跟李彦宏聊天的时候，我才突然意识到，搜索引擎就是世界向一个人做的传播。

对未来的想象是可以借由一些结构性的分析，和你内在画面的涌现，合二为一而产生的。这份想象力后来帮助我构思了一个关于搜索引擎的模型，以前的搜索引擎都是人找信息，但我认为它应该发展成"信息找人"，帮人更好地找到信息。

10 年之后，2014 年信息流广告开始出现，今日头条也好，那个 Facebook 的 feed 流模式也好，其实就实现了信息找人。

算法时代，人变得不再有独立人格

在信息找人这件事中我发现了另一些事情：信息找人依赖标签，但是地球上有几十亿人口，网络世界却可能只有几千个标签，所以就存在着很多人可以用同一组标签来标识的现象。

比如，我和另一个人分别有 70 个标签，但我们俩之间有 50 个标签是重叠的，那我们俩的重叠度就很高了。用亚马逊的算法的话，就是你买过的书，可能我也会买，"猜你喜欢"的算法就会给我们推荐相同的产品。

于是就出现了另外一种可能性，人类变得不那么个性化了。每个人以为自己是一个独特的人，结果全世界可能最后只需要分成 80 种人，再细也只能分成 800 种人。800 种人而已，全世界有 80 亿人的话，800 种人对应的是一个什么样的量级？

你突然发现你根本不是一个独特的人，你跟那些人如此相像，所以人类未来就会出现两种趋势，而这两种趋势，一定是同时发生的。

一种趋势就是人被无限标签化，定义成一个所谓的独特的人。与此同时，这个人被无限地纳入不同的群落。哪怕是你自己不知道的群落，比如滴滴、携程、陌陌，甚至微信。我们在后台被归到不同的群落里面，在某些族群里面，我们就是一种人，那么人就会同时存在着两种个性，或者两种人格上的可能性。

另一种趋势就是一个人的人格被分裂成很多层，即他的生命编成了很多层面。他在每一个部落里面，都变成那个部落里面的人。而与此同时，人变得越来越没有个性，因为他跟绝大部分的、在他那个群落里面的、类似标签的人是如此相像，甚至比跟自己的父母更像。于是他的行为就变成可预测的，因为别人也这样。如果他是属于这个群落的，别人都是这样，他有很大概率会是这样。这是我对于人类未来的一个基本判断，就是在人格分裂的同时，人不再变得有独立人格。

00 后看似越来越有个性，但实际上这个个性只是他们自己的一种假想，他们的个性其实是对于强大自我的一种执着。

在新的技术时代，可能会有终极方法击爆每一个对自我执着的人。原来你的自我是如此不堪一击，我们以为自己如此独特，结果发现机器比你更了解你自己。

你每次做的错误的恋爱决策，都会让你伤痕累累，而机器给你推荐的，居然让你活得还不错。

未来是一个很模糊的概念，对于我们大部分人来说，未来是指未来 30 年、50 年、100 年，但很多人都不会站在未来的角度去看问题。如果一个人会站在未来去看问题、去买股票，那他根本不用焦虑。

Facebook 也是用了 10 年来证明它是 Facebook 的。百度、阿里、腾讯都是用了 10 年以上来证明它的伟大。

其实理论上来说，未来已经在发生了，比如，我们未来看什么样的书，亚马逊和当当早就已经参与建议了，它只不过用了一种不那么强势的方式，只说可能你会喜欢。但是你每次点开，它推荐给你的书你都会觉得还不错，而且大概率觉得不错的时候，你就已经被它的算法设计了，对吗？

同样的道理，我们在看新闻的时候觉得是我们自己在看新闻，其实是新闻在看我们。我们打开今日头条，打开微信看一看，它会记录你点过的新闻、你在看什么。你再刷视频的时候，它就会重复推荐一条差不多的新闻给你看。

现在的编程已经不叫编程了，叫学习，叫养成。几乎在每一个领域，人工智能都在渗透进来，都在不断地学习反馈，然后在逐步输入更多参数后，再给到更精准的推荐，我只能说未来已经来了。

于是第二个问题就来了，我们该怎么面对这个情况？

第一，人活在一个只能朝这个方向走的洪流当中，你是不可能独善其身的；第二，你是一个被算计的人，还是参与设计算法的人，这是可以选择的；第三，透过逐步的了解，发现原来算法和大数据如此深远地影响了我们这一类人的生活时，我们要开始产生一种觉知，这种觉知就是我知道我正在被算计。

你知道自己被算计，和不知道自己被算计，还是不一样的。就好比我知道我现在在谈恋爱，和我不知道我现在在谈恋爱，效果是不一样的。当你知道自己正在谈一场恋爱的时候，你对于恋爱会失去某种正常的反应，因为你已经觉察到苦集灭道嘛、诸漏皆苦嘛、有爱就有恨嘛、有来就有去嘛……

但如果你不知道自己被算计，突如其来的这种伤害，对你的打击会更大。所以觉知的价值在于，让你可以对未来产生某种合理的期待。对于悲观的事情你会有一种乐观的态度，你知道结果不会太坏；对于乐观的事情你会产生一种悲观的想法，你知道风险可能已经开始累加了。就像股票市场，涨得越高的时候，你越感到担心，对吧？所以生命的态度就从悲观和乐观，综合成为达观，这种达观的状态对你比较好。

本节要点

焦虑问题：很多个人的焦虑都是时代的焦虑，其实没有必要焦虑。

教育心得：科技改变人们的生活，但儿童教育应关注不变的东西，比如"仁义礼智信"。

父母和儿女之间是惯性逻辑

人的幸福感跟获得的东西之间没有特别大的正相关性。

我曾经做过一段时间的小记者，不是小报记者，是真正的小记者。当年《广州青年报》招收了一批学生记者，我在高中一年级的时候，就有这个记者证，然后去采访了当年广州的残疾人运动会。我开始以为有些残疾人的乐观是装出来的，后来发现不是，他们天生很乐观，他们就算残疾了，也是乐观的。

而还有一些人呢，其实什么都齐全的，他们还是很悲观。这可能跟他们童年更早的时候情绪里面的反应模式有关系。

台湾作家刘墉讲过一段话，给我留下极其深刻的印象。他说如果一个孩子小的时候对你就很好，就很孝敬你，就开始洗碗做家务，那他长大了就会对你好，会洗碗做家务。在孩子小的时候，如果父母觉得这是在投资，"我先对你好，以后你就会用这种方法来对我"，那其实是不会的，孩子长大后还是会认为当爹当妈的应该洗碗、拖地、给他钱。

父母和儿女之间不是我们想象的那种商品交换逻辑，而是另一种惯性逻辑。他小的时候习惯了洗碗，长大了就会洗碗；他小的时候习惯了对你很尊重，长大了就会对你很尊重；他小的时候害怕你，长大了还会害怕你；他小的时候表达爱你，长大后还会爱你。

中欧国际商学院曾请来一位研究中国当代史的客座教授，教授说他从孩子小的时候就开始培养，让女儿们觉得给妈妈过生日是一件非常隆重的事情，家人经常千方百计地想怎么给妈妈过一个有意义的生日。所以到现在，每年过生日，两个女儿都非常认真地去处理这件事情。

做父母的怎么才能让孩子有愉快、幸福的未来呢？只有一个方法：让他现在就养成"碰见什么事都觉得挺好的"这样一个情绪反应模式。

有时候家长会培养孩子不好的情绪反应。孩子摔跤了，家长就会去责怪地，说"这个地很坏，我们打它"，这样小孩子就会认为这是地的责任。本来这是八竿子打不着的事情，但却让孩子产生了一个习惯，就是当他长大后，碰到困难的第一反应是——"反正不是我的责任"。

如果孩子摔倒，你只是抱起来不以为意地告诉他说"太有意思了，摔倒了，爬起来咱们继续玩"，根本不把摔倒当回事儿，小孩子本来想哭，却发现你根本不会因为他摔倒在地上就给他更多的同情，他没有受到这方面的奖励，所以以后再摔倒，就会自己站起来往前走，长大后在人生的路上摔倒，他也就不以为意了。

"万般带不走，唯有业随身。"这句话是说培养他的习惯是最重要的。比如说昨天我儿子在院里玩，我要逮他，为什么呢？因为我要带他见我的一个老师，那个老师特喜欢我儿子。我儿子不肯去，因为他很害怕老师，他一听说是去见个老师就害怕，所以不愿意去。然后我也就不强迫他了，自己跟老师喝酒吃饭去了。

过了一会儿，我想知道我儿子去哪儿了，我去看，找不着他了，后来发现他一个人蹲在一个房间的黑暗角落里。我说"哥你在那儿蹲着干吗呢"，他就哭，说"我要回家，我不在这个院里待着，我不跟老师在一起"。我说怎么了？他说"奶奶批评我，奶奶说我没出息，连见个老师都不敢"。

那一刹那间我就意识到，我小的时候也是被我妈这么打压一路免疫过来的，勉强靠着自我修炼自我突破了。但是对于我儿子来说却还不太习惯。在那个时刻，我突然想起了一个老师曾反复跟我们讲的"不要跟他讲道理，不要做任何事情，只需要陪伴"。

所以我就坐了下来，然后过了一会儿呢，他会看到有一个人跟他同样这种状态，这时候你不要安慰他，不要跟他说奶奶是错的，或奶奶是对的。如果你讲奶奶是错的，他以后就认为爸爸说奶奶是错的，那就完蛋了。那奶奶以后怎么在我们家里混，是吧？

况且奶奶也没说错啊，起码在奶奶的世界里面她是没说错的。所以呢，陪伴就好。过了一会儿呢，我们的老师来了。那个老师非常和蔼，毕竟是我们中欧的老师嘛。然后他就觉得这个老师很可爱，这个时候你只需要补一

句 ——"其实大部分老师都是很可爱的，有些时候你觉得老师很厉害，是因为如果你是老师的话，有个学生……你会不会发火？"当他开始理解那些曾经对他发过火的老师时，他就走出来了。

所以如果第一步是建立一种惯性的话，第二步就是建立一种移情换景的代入力，就是让他随时可以从自己的那个自我角色里面抽离出来，站在另外一个人的角色里面去看这件事情。

这叫观，"观"就是指在世界的外面看待世界，比如德鲁克的自传《旁观者》。庄子说外天下，鲲鹏展翅 ——飞到宇宙之外看地球，就叫作旁观。当我们深陷这个角色中的时候，就会被这个角色设定的情绪反应模式绑架，当我们不在这个角色里面的时候，我们就可以站在另外一个角色里面来看问题了。于是你就不再被这个情绪模式绑架了，这叫局外社会。

这个也可以理解为儒家思想里面的"仁"，虽然今天我们在谈论未来，但其实我们可以让自己随时抽离自己的角色，站在不同人的角色中去"谈论未来"。我认为"观"很难被机器所取代，而且也没有什么设备有这种能力，对吧？

怎么做到"观"？比如我现在对老师有愤恨，我就得自己按一个"键"，得以老师的模式思考问题。这个事情很难，所以当技术越发达的时候，一些不变的东西就变得非常有价值。

比如，同情、换位思考的能力，以及习惯性的快乐。快乐只是一种习惯，没事可以哈哈笑。这就是我刚才讲的，帮孩子建立一个好的习惯。习惯性的快乐；习惯性对未来保持好奇；习惯性在面对困难的时候，知道这个事情只是一个阶段，扛过去就会好；习惯性跳出自己的角色去思考问题。这些都是习惯。

如果只用一句话讲的话，就是培养出一套更美好的心智习惯和行为习惯。什么叫作美好的心智习惯和行为习惯？虽然技术在变革，但是同情、充满希望、尊重依然是最重要的。尊重是基于发现别人价值的能力，然后承认社会契约。

本节要点

教育心得： 让孩子多睡觉，多给孩子积极暗示，让他们长成一个健康的人，让他们觉得自己是个很幸运的人。

三种美好品格，让人释放灵魂氧气

我以前也没有意识到，一个完善的人格是多么重要，直到我接触到身边几个人格比较完善的人之后，才觉得这有多么美好。

人格完善的人不会随便生气，不会随便妒忌，不会随便觉得人家在后面说他坏话，也没有受害者情结，不会觉得需要什么样的同情。

我觉得这样的人太有魅力了，以至于当他们释放灵魂氧气时，你愿意跟他们待在一起。

父母要做的最重要的事情之一，就是去身边找一些让自己特别喜欢的人，去观察他们——为什么这个人不算很有钱，也不算是绝顶聪明，而你在他有困难的时候，会倾向于帮助他？如果他需要钱的话，你也许就会借给他了。

为什么你会对不同人产生这样的差别对待？什么东西让你觉得很美好？我观察后发现，有三种特别美好的品格大概率出现在这些人身上，是被很多人所接受的。

第一个品格就是不评价。如果你有一个朋友，从来不在你面前评价任何人，甚至也不评价你——他不刻意表扬你，也不会通过彰显自己来隐晦地对你做出某种评价，你会觉得这个人深不可测有魅力。

这个态度说明，他在很谨慎地对待评价本身之作用力。他知道评价本身是有作用力的，这些作用力可能是不好的。你不对他施力，他自己就会发现。所以圣人无名、无功、无己，这就是这类人的第一个能力，即不评价他人的能力。

第二个品格就是给多于取，总是习惯性多给别人一点，绝不想占别人便宜。我觉得谁都不是傻子，你想占人便宜，对方能感受得到。但是分享不一定是给钱，如果光是给钱那就简单了。真正可以分享出去的东西，往往不是钱能衡量的，比如陪伴，比如微笑地陪伴。

一个优秀的主持人，他一定不需要提太多问题，因为在提问的时候，会有预设的前提。我很害怕那些采访我两个小时、四个小时的记者，写出了一篇完全让我不觉得这个人是我的文章，他已经预设了你是谁了，然后就不断套你话，挖出几句他认为符合他要的话塞在他对你的描述里，一篇稿子就出来了。

第三个我觉得特别美好的品格，就是拥有不给别人添麻烦的习惯。

老吴（吴伯凡）有一天在《冬吴同学会》里讲了一个故事，说有一个小朋友，小朋友的爹在家里面写稿子，熊孩子在那儿闹，他就很烦躁，但是他不能打骂孩子。于是，他就跟他的儿子讲了一件事情，他说："你还记得去年你过生日的那天，爸爸给你买了一个你特别喜欢的电动车吗？"那个小孩说："记得呀。"他说："第二天早上你醒来的时候，发现电动车在你床边，你就很高兴是不是？"他儿子说："是啊。""爸爸那天冒着大雪，回来的时候很想跟你分享这件事，但是你睡着了，我觉得为了要跟你分享而把你弄醒不道德，所以我就悄悄把它放在你床边，第二天你很高兴对不对？"他儿子说："嗯，是的。"然后他说："你知道吗，不要给别人添麻烦是很重要的，你在睡觉，我把你弄醒，就是给你添麻烦。爸爸现在在写作文，你却还在玩。"小孩马上就懂了，说："我给你添麻烦了。"于是他儿子就出去了。

过了一会儿，小孩又冲进来。

"不刚教过你吗？你怎么又冲过来！"他正准备发火。

他儿子跟他说："爸爸，我认真想了一下，我真的太不对了，请您接受我的道歉，我再也不给您添麻烦了。"然后出去了。

如果这个爹脾气差一点，在那个时候爆发，很可能就把一个非常美好而伟大的时刻变成孩子童年阴影了吧？

后来我发现类似的事情在我们家经常发生，我们做父母的有时候反应太快，而且往往把我们自己的态度附加给孩子。

本来是孩子一个道歉的行为、一个善意的表达就能把事情解决，却由于我们的无知和无能，最后使这件事情完全被扭曲。我们经常在讨论一个关于未来的话题中，谈不那么未来的话题。

贝佐斯说过一段话，他说："人们总是去关心未来会发生什么变化，并且以此为变化来调整自己的策略，但其实我们更应该关注那些不变的东西，那些不变的东西才是我们未来做策略的核心锚点。"

我们是最匮乏又最不匮乏的一代

我不觉得任何两个时代之间可以用好坏来分出高低。我们小时候更匮乏一些，现在的小朋友可能匮乏感会少一些，或者说我们理解的需要的那一类东西的匮乏感会少一些，他们可能会产生一种新的匮乏。

我们小时候在大院里面疯玩，家长从没担心过哪个车会突然过来把小孩撞了。那个时候，院里面到处都是开来开去的车，我们还总是从很高的地方冲下来，这样我们都没有被撞飞，真是太不容易了。能在那样的大院里长大是很不容易的，会发生各种危险的事情。我小时候住在攀枝花，就在金沙江边，至少有四个小伙伴在金沙江里被淹死，过几天我就能听见一个妈妈在那个院子中间号啕大哭。

这其实对我们来说肯定是有一些心理阴影的，但我们就是这样活到现在，父母也不觉得有什么需要担心的。我从来没有被人接送上学，都是背着一个比自己还重的书包或拖着书包就去学校和回家。我能活到现在，只能说这是上天的眷顾，上苍是帮我们挡了很多板砖和枪林弹雨的吧，还是要感恩。

那么现在的小孩子呢？他们受到了很多的关注，但同时他们没有在大院里面跟小朋友一起疯玩的快乐，所以他们既是很不匮乏的一代，又是很匮乏的一代。他们最匮乏的，就是跟同龄的一大群小孩子长期亲密无间地成长。

现在的孩子参加某一个夏令营、冬令营、补习班，如果跟某一个小朋友不开心了，父母一生气可能小孩子就不上这个课了。可以再换一个课，学费不要了，大不了花一万块钱换一个环境，对吧？

但是我们小时候是没有办法这样的，大哥欺负你，把你拉到丛林里面扇你一耳光，你还得扛着，是吧？然后遇到比你小的小孩你就扇他一耳光，对吧？在这个丛林法则里面，你要学会忍耐，你要学会怎么看大哥的脸色，你要学会怎么做大哥、怎么带着一群小弟出去"打仗"。什么你都得会，你还要学会处理今天跟你好的女孩过两天跟别人好了，你怎么办？而且你还不能告状，谁告状谁就是叛徒嘛。

大院里面的孩子都是这样的，谁要去告诉父母，那就不要想在圈里混了，甭管你是对还是错，我们是有这样一种氛围的，这是一个群落。我认为这是现在的孩子最大的匮乏，因为他们就没有守孝悌了，他们不知道如何孝敬大哥、如何带领小弟，领导力也没有办法培养，其实跟着大哥混也是一种能力，对吧？

本节要点

思维盲区：很多现有的教育方式容易让孩子缺乏领导力、凝聚力，缺乏和同龄人相处的能力。

不要低估孩子，他会自己好好长大

其实我们可能太把小孩子当小孩子了。

我有一天跟儿子讲阿尔法狗的故事，我们讨论到最后，他问了我一个问题："人类会一起拔电，把这些人工智能消灭掉吗？"如果有一天，机器真的全方位超越人的话，那人还有什么用呢？

我说："你记住今天这个问题，这是在你 7 岁半的时候你问的问题，我要给你记下来，因为你问了一个世纪之问。未来 70 年，可能这个问题都是主要问题。我为你能够问出这样的问题，感到非常的骄傲。"

他打咏春拳，我说："如果未来都是原子弹、激光，你打咏春拳有什么用呢？"他说："打咏春拳就是可以打打呀。"孩子就是这样的。

不光我们家的孩子，每一个孩子看待问题其实都非常深刻。不光他们深刻，我们小的时候也很深刻。我们只不过被自己的一个概念蒙蔽了，就是"这些孩子是个孩子，我们是成年人"。我们被自己的角色绑架了，我们是他爹妈，我们是他的供养者，我们包养了他的生活。其实我们有什么资格包养他？

我们能养他，但不是包养。我们只需要做我们每一天做的事情，匀一点给他吃就行了。

至于他接受什么样的教育，我越来越不相信所谓特别牛的培训机构。我自己也算是半个老师，经常给人家讲课。我经常在讲课之前，都不知道自己要讲什么，临时看看现场有什么准备就讲一讲。我相信绝大部分老师都差不多。我认识很多当时成绩远不如我的人，后来他们考了师范，也变成了著名的教师；我还认识很多当时在毕业的时候工作都找不到的人，他们留了校，现在成了教授……

所以我坚定地相信，不需要把孩子外包给谁，孩子他自己会长大，自己会吸收知识的。这点说起来容易做起来难，很难很难。

在我们力所能及的范围内，我觉得第一件要做的事情，就是千方百计地让小孩子多睡觉，因为大脑在睡眠中的发育是非常重要的，睡觉是很重要的开智慧的方法。

听说一个和尚连睡了几十天以后，醒来能写诗、能作画，一下子变得如唐伯虎附身一般。我后来观察，绝大多数小孩子，都是因为睡眠不足，所以白天的时候精神不集中。睡饱了精力就充沛，注意力就集中，所以要千方百计地让孩子多睡觉。

我们可以在孩子睡觉之前，给他一些正向的心理暗示，不断地告诉他，你将来会成为一个什么样的人，当然不是特别具体的要成为拿诺贝尔奖的作家这种，而是你将来会成为一个很开心的人，你将来会成为一个所有人都喜欢的人，你将来会成为一个很健康的人……这些词是一定要深刻地植入他的潜意识里面去的。

有一次我们去日本采访松下先生的助理，他说松下先生在招聘人的时候，等人都过了关，还会问一个问题——

你觉得你是一个幸运的人吗？

如果有一个孩子觉得自己是苦孩子，松下先生一定不会要，因为一个觉得自己苦的人，会把他觉得自己很不幸的这个思想的霉菌传染给所有人，让所有人都觉得自己很不幸，然后这个组织就会变得很不幸。

一个觉得自己很幸运的人，即使在不幸当中，还是会觉得自己很幸运。所以一定要让孩子觉得自己是一个很幸运的人。

第二件可以做的事情，就是一定要让孩子把母语学好。我算了一下，我从小学到大学花在学外语上的时间超过了一半的时间，但是外语还是没有学好，因为我们没有生活在国外。

我在三年级的时候把金庸的书都看完了，《天龙八部》《神雕侠侣》《射雕英雄传》……都是繁体字竖排版的，每个故事都太有意思了。这些故事本身吸引着我要去认识更多的汉字、认识繁体字，去了解更多武侠里的文化。

一定要让孩子在很小的时候就开始建立起自己完整的语言体系，语言本身是一种特别有意思的玩具 —— 我都不说它是工具。它是我们人世间最重要的玩具，而且很便宜，所以一定要把语言学好。

我在北京郊区办了一个小学堂，叫喜舍，第一门课就是找一个年轻的小老师去跟我的儿子和儿子的同学们一起玩。我们给差不多同龄的小朋友开丝竹课，教他们学音律、诗词对韵 —— 云对雨，雪对风。晚照对晴空。来鸿对去燕，宿鸟对鸣虫。三尺剑，六钧弓。岭北对江东。人间清暑殿，天上广寒宫。

语言本身具有强大的美感，如果一个人从小的时候起就有这种口腔惯性，那他以后怎么说话都不会让人恶心，他怎么都能够靠嘴吃饭。

语言是我们思维的工具，因为语言会帮助我们构建我们的思维。你有这个语言，才有这个思维，你有这个思维，却未必有这个语言。语言是我们思维的边界，也是我们诗意的源泉。

在喜舍，儿童读诗书，第一门课的内容就是从语言文字到语言文学，再到语言文化。要不断地帮助小朋友掌握语言，最起码要帮助他们掌握 3000 个到 5000 个汉字，让他们能够在三年级以前读得懂武侠小说。

我有一个同学，他是山东人，他说到激动想表达感情的时候，只能用嗷嗷来形容，这是一种语言匮乏。如果你有很多语言，你就可以有很多种表达方式。当然，嗷嗷也是一种语言，它也很传神，但是你不能每次都嗷嗷的，对吧？偶尔嗷嗷可以，每一个感情都用嗷嗷来形容，就很可怕了。

总结一下，对于未来，我们必然相信技术会改变我们大部分的生活，会让我们被挤压在技术的角落里——一个无奈的角落，但是就算这样，我们仍然相信在可见的未来 50 年、100 年，有一些东西是不大可能变化的。

儿童教育的本质，是关注那些不变的东西，而不是关注那些变化的东西。因为变化的东西一直在变化，你是追不上的，那些不变的东西才是重要的。

现在看来，一个不那么容易生气的习惯，一个不那么容易妒忌的习惯，一个不那么觉得自己了不起的习惯，一个不那么觉得别人很糟糕、随时愿意倾听别人需求的习惯，一个相信总有一种力量超越个人的习惯，是很重要的。

本节要点

教育心得： 我们一定要把母语学好，语言有助于构架思维，它是思维的边界，也是我们诗意的源泉。

教育心得： 一个觉得自己很幸运的人，即使在不幸当中，还是会觉得自己很幸运。所以一定要让孩子觉得自己是一个很幸运的人。

教育趋势： 我们相信技术会改变人们未来的大部分生活，但在可见的未来，有些东西不太可能改变，所以儿童教育更应该关注不变的东西。

凯叔

**故事带给孩子
不着力的愉悦感**

● 凯叔，本名王凯，"凯叔讲故事"App 创始人、原中央电视台主持人。"凯叔讲故事"致力于通过"快乐""成长""穿越"的极致儿童内容，成为影响"国民童年记忆"的儿童品牌，被评为"2017年度最受中国妈妈喜爱的早教品牌"。

● 凯叔在开始全职讲故事前，曾在央视播财经新闻，同时身兼一份专业配音演员的工作。再往前，凯叔是北京某幼儿园里的孩子王，身边成天围着一群孩子等着听他讲故事。可以说，凯叔的人生总跟"讲故事"脱不开关系。

"在故事里，她可以见识整个世界"

　　我自己算是在故事的陪伴下成长起来的。小时候我常听孙敬修先生讲故事，还有"全国故事大王大奖赛"获奖作品的磁带，我妈就常买那种磁带给我听。特别有意思的是，那时候普通话不是很普及，磁带里录了全国各地小朋友讲的故事，我就学会了好多口音，比如湖南普通话、东北普通话、唐山普通话，都挺好玩的。

　　小学三年级时第一次听的评书，就把我惊到了。当时我听的是田连元先生第一次在电视上讲评书《杨家将》。我完全被折服，原来故事还可以这么讲。从此我就养成了每天晚上六点半要听评书的习惯，那时候电视上都会播评书，我就这样一直听到了高中。

后来我就考大学，然后进入社会工作了，直到从央视辞职很长一段时间后，我才开始把讲故事当成事业来做。

在央视工作时特别忙，我几乎每晚都住在电视台附近的酒店里，辞职之后突然闲了，就有大量时间可以陪孩子。那时候我们家老大正好处于疯狂喜欢听故事的年龄，又守着一个会讲故事的爸爸，就培养出了一种奇特的习惯——每天至少听三四个新故事，还不能重复。

其实这个情况很少见，因为孩子们一般更喜欢重复听。"凯叔讲故事"有了少量用户之后，很多爸爸妈妈就会很抓狂地说："哎呀，凯叔怎么办呀，我家孩子这一个故事能听几十遍，怎么才能让他们换一本新的故事书听啊？"

这其实是正常现象，因为孩子是通过熟悉的内容在找一种驾驭感，而且重复就是力量。但我女儿那个时候就是不许重复，我每天要给她讲新故事，所以压力比较大，我就给她去各种电商平台买绘本。那个时候她一个人的绘本消耗量，一个月在一箱到一箱半，那个消耗量非常大，我女儿从小就有整整一个大书柜的绘本。

有的时候我要出差，我就要保证离开这段时间每天有两个新故事的录音，也就是说如果我出差五天的话，我就要录 10 个故事才能走，这样我就积累了大量的录音。但是你想，我原来做节目都是一个人做很多人看，那录音只有一个孩子听总觉得不过瘾，既然录了，我就希望更多的人能听到。

于是我就在我家老大的幼儿园家长群里发我的故事录音，每天发 1 个，没几天就得到特别正面的反馈。这个群里一共 28 个家庭，都成了我的种子用户。后来我就往微博上发了，那时候微博还是试运营阶段，没什么人玩，我那个财经节目主持人的账号粉丝也多是男性企业家，但慢慢地，每个故事也有三四百个转发。我看效果不错，就想着干脆注册个微信公众号吧，后来用户越来越多，用户需求也越来越多，我就全力以赴做这件事情了，于是慢慢发展成现在这样。可以说我真的很幸运，能把小时候的爱好变成长大后的事业。

我一直觉得故事是非常有力量的。以前我看《人类简史》的时候就很有感触，我们通过虚拟世界了解到了文明如何诞生，而我们之所以可以创造我们的文明，是因为我们有共识，而这个共识如何去解释？就是通过故事。其实人类吸收信息的唯一有效方式也是听故事，我指的是语言类的信息。

我们成人每天也都在听故事，新闻是最常见的故事，新闻的五要素就是用故事的方式浓缩新闻事件中最基本的信息。孩子也是这样，他通过故事不但可以获得信息，而且可以去到他没有经历过的场景当中。给孩子们讲故事实际就是在给他描绘场景。这个场景有两种：一种是熟悉场景的再现，比如花花幼儿园、蘑菇幼儿园；另一种则是他没有见过的陌生世界。

　　仔细想想，我们每个人的一生能认识多少人呢？有人说最多认识 1 万个人，不可能再多了，其实我们能记住的人也就那几百个。但在故事里面，孩子可以见识整个世界，可以见识所有的不同类型的人，这对孩子来说也是一种滋养。听故事的好处特别多，除了可以学知识外，还能收获很多心灵上的东西，比如，性格的养成、塑造，价值观的形成。

　　如果孩子从小就听那种对抗性的故事，宣扬非此即彼、有你没我，要么就胜利、要么就失败的故事，那他的性格就比较容易极端，破坏力也就会强一点。如果孩子听的故事既有竞争意识又宣扬包容，让他明白这个世界不能按照他的想象去发展，让他对这个世界没有强控制欲望的话，孩子就可以早早地跟这个世界和解，他就会很幸福，他很幸福的时候，他身边的人就会因他而感受到幸福。

本节要点

焦虑问题： 孩子想要听故事，还总想听不一样的故事。

教育心得： 故事可以帮助孩子提前见识世界，见识所有
不同类型的人，这也是对孩子的一种滋养。
听故事除了可以学知识之外，还能收获很多
心灵上的东西，帮助性格、价值观的养成。

"没有快乐就没有资格带孩子成长"

因为故事对孩子有很大的影响力，所以我们在讲故事
的时候更需要谨慎。我在给孩子讲故事的时候，对故事做
了很多改编，我把它叫作"原创性改编"，这些改编里很多
都是价值观层面的改编。

一开始我给孩子讲《西游记》的时候，面临一个很大

的难题。

我写了 3000 字的稿子讲《石猴出世》，但在讲的过程中不停地被打断，孩子不停地问我："爸爸，这个是什么意思？""那个是什么意思？"讲《水帘洞》的时候，他甚至问："爸爸，什么是瀑布？"

这说明了一个问题，就是我们成人和孩子进行沟通的时候，往往拿我们的常识去触碰孩子的第一次认知。所以我们需要在意识上俯下身去理解孩子的认知世界，只有用与孩子相同的认知水平跟他们沟通，孩子才会慢慢地觉得这样的沟通很舒适，这个时候你才有资格让他们踮着脚成长。

很多儿童读物最大的问题，就是打造儿童内容的人太自我。能减少孩子的沟通障碍，让孩子一眼就看进去的内容，才是好的内容。

然后，我们再在好的内容里面寻找能给他们带来成长、带来提高的东西。让孩子成长这件事情是你我的需求，根本不是孩子的需求，孩子接受所有新鲜事物的时候，他们所想找的是一种愉悦感，是一种快乐，所以快乐就变成我们做这件事情的第一原理，没有快乐就没有资格带着孩子去成长。

比如，当我们改编《西游记》的时候，第一步就要做到让3—4岁的孩子听到的内容没有任何理解障碍，不会听不懂，这样才能给孩子带来愉悦的听故事体验。与此同时，父母的需求和作为儿童教育工作者的使命又让我们的产品有成长性，让孩子收获成长。

还拿我讲《西游记》来说，一开始我给孩子搭建一个认知的阶梯，让他们很容易进入故事中，慢慢地我再在其中加入成语、典故、诗词，并且好好解释，这样就能潜移默化地带领他们去理解。我还做了很多深度的改编，把《论语》中的故事融入进去，《真假美猴王》更是从价值观层面进行了改编。

其实《西游记》原著的价值观基本上就是三句话：我灭你，你灭我，我找人灭了你。但是这个东西在现在的世界里已经不是正确的价值观了，甚至也不是我们应该有的方法论。非此即彼的事情越来越少了，现在这个世界是一个讲究接纳自己、接纳他人的世界，它是一个 1+1 大于 2 的世界。

所以我就把《真假美猴王》的故事改了。原来的《真假美猴王》里，两个猴子一模一样，师傅分不出真假，观音分不出真假，地藏王菩萨分不出真假，玉皇大帝分不出真假，两个猴子就一直打打打，打到雷音寺佛祖那儿，佛祖拿金钵一照，发现这是假的，一棒子就把六耳猕猴打死了。这个故事的内核依然是非善即恶、非此即彼。

那我该怎么讲这个故事呢？我讲，为什么这两个人说一样的话、有一样的本事、有一样的诉求呢？因为他俩本来就是一个人。五百年前在花果山有一颗灵石受天地孕育之造化生出了一颗心，这颗心越长越大、越长越大，突然他有了意识，他抬头看天，觉得天气晴朗很好，艳阳高照，可是有了一个意识之后，内心又生出另外一个反对的声音，不对，阴天才更柔和；他低头看海波澜壮阔好伟大，可是心头又生出一个声音，静谧的海面才更有力量。后来巨石轰然中开，蹦出两只猴子。

于是观音就问如来："那怎么是两只猴子？"

如来说："一只是灵明石，就是你认识的齐天大圣，另一只是六耳猕猴。"

观音又问："可是为什么五百年来从来没见过六耳猕猴？"

如来回答说："一个自己很强大的时候，另一个自己就被封存在那个石头里，直到强大的那个渐行渐远走到西行的路上，另外一个自己才能出来透口气。"

这时候地藏王问佛祖："那两个猴儿可有一善一恶？"这很符合地藏王的性格，他总坚持善恶有别，地狱不空，我不成佛。

佛祖一笑说："晴天阴天可有善恶？安静喧闹可有善恶？这世界上没有那么多善恶对错，更多的是不同，你接纳了不同才会有大同。"

观音问："那我们如何处置？"

如来说："如何处置和处不处置与你我无关，看悟空的造化。"

这时候猴子俩也不打了，站起来四目相对，越走越近。眼神当中已经没有了那种乖戾，更多的是好奇，就像两个婴儿第一次见面的那种眼神。

这个时候如来就说："悟空好悟性，那我助你一臂之力。"于是甩下金钵，把两只猴子罩住飞快地旋转。然后佛祖一挥手，金光一收，大殿之上只剩下一个孙悟空。孙悟空纳头便拜："多谢佛祖，俺老孙又活了一回。"从此走在取经的路上，他再也不纠结，实际上，他是接纳了自己。其实人最难接纳的就是自己。用这样的方式跟孩子去讲，不用讲道理。

这个故事正式播出前，我们做了试验，在五百多人的发布会上讲了这个故事，讲完后问现场的孩子听懂没，孩子都说听懂了，而且每个孩子的看法都不一样。我女儿说："爸爸，我知道为什么孙悟空取经之前特厉害，取经之后就不厉害了。"我问："为什么呢？"她说："闹了半天，他把自己给丢了。"

我的天哪！我当时真的是起了一身鸡皮疙瘩。

她听懂听不懂重要吗？只要她爱听，听进去了，这个故事就装到她心里了。当有一天她自己跟自己过不去的时候，可能是茫然了、痛苦了，她想起这个故事，这个故事能给她起到一些疗愈的作用，我就觉得善莫大焉。

本节要点

思维盲区： 改编故事时我们发现，我们的常识常常会触碰到孩子的第一次认知。很多关于儿童的内容都过于自我，我们并没有俯下身去了解孩子真正的认知水平。

教育心得： 让孩子成长这件事是你我的需求，不是孩子的需求。孩子接纳新鲜事物的时候，想找的是一种愉悦感，一种快乐。所以快乐就变成我们做这件事情的第一性原理，没有快乐就没有资格带着孩子去成长。

"不一定要学会什么，只希望孩子收获好的感觉"

说到儿童教育，我觉得最重要的是不着力，让孩子没有被教育的感觉是最好的教育，我们也一直在往这个方向去努力。

虽然我在讲《三国演义》的过程中，希望让孩子学会如何拥有领导力和沟通能力，但我不能直接这样说，我不能把我想传达的东西整理成"第一……第二……"这样的道理灌输给他。我只能把这些道理糅在情节里，在讲故事的过程中着重放大某句话、某个瞬间、某个情节、某个人的某个关键的选择和想法，通过这种选择去影响孩子。

给孩子设计故事内容跟给成人设计不一样，成人只要能收获知识缓解焦虑，就愿意付费，但孩子在成长过程中需要的是快乐。所以我们要做的不仅是一个产品或者商品，更重要的是一个工艺品，让孩子能够驻足欣赏。每一个孩子都是艺术鉴赏者，虽然孩子说不出个子丑寅卯，但是他们可以转头就走。比如凯叔的故事好听，啥叫好听？是这个人声音好听，这个人讲故事时和孩子交流的语言分寸感掌握得好，这个故事的文案写得好，还是这个故事的知识含量高？是这个故事的音乐配得好，还是它的音效非常精湛，或者音乐音效和语言节奏严丝合缝又有意境？到底是哪个好呢？

事实上哪个都不能不好，其实这一个完整的"好听"是浑然天成的。我做这个的初衷不是孩子一定要从中学会什么，只是希望孩子在听的过程中收获好的感觉。

尽管我有教育孩子的使命和初衷，但是我没有给孩子任何的压迫感。这就是不着力，就像打太极一样，不知不觉地它会跟着你的节奏走，它的力量也会越来越深厚。

所以我们努力的方向就是影响家长，帮助家长学会如何更好地陪伴孩子。往深了说，其实我们的使命就是让更多的孩子拥有幸福的童年，我们想给孩子不断灌输这样的价值观：要有独立之思想，自由之人格，天马行空的想象力，永不磨灭的好奇心。

可是如果父母还是像从前那样，对自己的孩子进行控制，那我们越让孩子有这样好的价值观，孩子就会越痛苦，因为欲求不能得到满足。所以我们首先要优化父母，在这方面我们设计了很多课程去帮助父母。

在这个课程里，我们负责去搭建一个场景，在这个场景里，我们并没有教父母们如何去解决具体的问题，或者去把孩子塑造成某种具体的样子，而是教父母如何和孩子一起玩，并且把我们的方法论糅在父母和孩子共同玩耍及学习的过程中。这一套方法论特别受欢迎。比如我们让父母和孩子一起学尤克里里，孩子是零基础，大多数爸爸妈妈也是零基础，但是父母的学习速度一定比孩子快，所以孩子很容易仰视、崇拜父母，同时父母又在帮助孩子耐心地去学。

这种一起玩、一起学的模式，就打造了一个很好的场景，解决了父母不知该如何陪伴孩子的问题，也能把我们想要传递的价值观潜移默化地传递给孩子。

我们公司入口处有一个公开的屏幕，屏幕上会显示一个数据，叫作影响童年指数，也就是我们的日活量（每日活跃用户数量）。只要看到那个数据在增长，我们就觉得好开心，就觉得又有更多的孩子可以拥有快乐的童年。我们希望，不管我们的用户是爸爸妈妈还是孩子，在使用我们产品的过程中，他们都会拥有不着力教育的愉悦感。

本节要点

教育心得： 让孩子没有被教育的感觉，才是最好的教育。

"父母要把自主权交给孩子"

我们现在也常常得到很多家长的正面反馈，比如，"我们家孩子学了魔术，然后到班里开始教别的孩子魔术"。

每次听到这种消息我都感觉特别好，说明这些课程对孩子来说是有用的，而且孩子自己也能意识到，学会了一个技能后，对"我"是有用的，别人会因此需要"我"。这些课程满足了人活在这个世上的一大刚需，就是被看见、被需要。

如果孩子学会的这个技能在生活当中能不断地给他带来被尊重、被看到的感觉，他会越来越爱这项技能，所以继续学习这项技能的过程对他来说不算费力，愉悦感在其中，他不会觉得坚持是痛苦的。

比如我自己，我从幼儿园开始给人讲故事，直到目前，都不知道一共讲了几万小时了 —— 可以肯定的是，不止一万小时。那为什么这个过程中我很爽很快乐？因为刚开始讲故事的时候，我是感受过切实的快乐的。我上幼儿园时总是被老师打，但是有一天，老师发现我给别的孩子讲故事时孩子们都安静了。这给她减轻了负担，她就开心了，也不打我了。

我是很幸运的，我因为这个老师的转变而喜欢上了讲故事。但不可否认的是，这个老师真的是个很糟糕的老师，她当一天老师不知道要摧残多少个孩子。虽然从客观上讲，这件事让我喜欢上了讲故事，但我一点儿也不感谢她。我感谢妈妈在我上幼儿园的时候给我买了很多磁带，让我听了好故事。讲故事这件事给我带来了太多的自豪感。

我后来也想，我是从小就喜欢讲故事的吗？不是的，我喜欢的是讲故事这件事情带来的被尊重、被看见的感觉，我爱的是做这件事情得到的那些东西。所以我们培养孩子时也要明白，孩子喜欢的根本不是做这件事情，而是做这件事情带来的感觉。

那么我们如何把这件事、这个技能和孩子想要的这个感觉画上等号呢？比如弹钢琴，一个小女孩反复练习弹钢琴，会感觉很累很累。也许她一开始是喜欢弹钢琴的，但是长期的重复是反人性的，自然令人厌倦，这时候怎么办呢？换一个好帅的男老师坐在她身边，那感觉就会不一样，弹钢琴这件事和帅哥老师就画成等号了。弹钢琴这件事就和视觉的愉悦感莫名其妙地联系在了一起。当然我只是举个例子，通过这个例子告诉家长，我们得想方设法让孩子在做这件事时有一个很好的感觉，这就是不着力。

所以对父母来说，他们就要把自主权交给孩子，让孩子多尝试，发现自己喜欢什么，然后帮助他们在喜欢的事情上收获快乐的感觉。父母不要逼孩子太狠，尊重他们就好，不要害怕把决策权交给孩子，其实他们会做得比你想象中好。

比如，在孩子学琴之前，把各种乐器的声音都放给孩子听，看看他们喜欢什么声音。其实学什么乐器对孩子来说根本不重要，真正重要的是让他们喜欢音乐，让他们在未来的人生中遇到困难时，多一种调节自己情绪的渠道。让孩子去选，并且让孩子捍卫自己选择的正确性，比父母强加给他们的要长久、要愉悦。

类似这样的事情有很多，其实我们都可以交给孩子，让孩子自己做决定。很多家长怕孩子选错，所以干脆不让他们选，控制欲非常强。我特别怕这种家长，他们总是站到我面前说："凯叔，我家孩子特别喜欢你的故事，但是你能不能跟孩子说说让他听我的话？"

我经常会收到朋友的邀请，说："凯叔，你给我孩子录一段视频吧，让他多吃蔬菜，让他早上起来不要磨蹭。"

我很怕遇到这样的需求，但有的时候我也会满足他们的需求，毕竟那些话并不对孩子造成伤害。但我不会完全按照父母的方向说，我一般会让孩子理解他们的爸爸妈妈。

比如，当孩子家长跟我说"你能不能让我孩子别磨蹭"，我就对孩子说："宝贝，你知道你妈妈很辛苦，她每天除了要照顾你，给你洗脸、刷牙，送你去上学，还有自己的工作。她如果因为送你上班迟到了，会在工作单位遇到很多的不愉快，你是不是喜欢让妈妈高兴而不喜欢让她不愉快、不高兴？"

很多时候，跟孩子发飙解决不了的问题，沟通一下反而能解决，只不过父母常常不会放下身段跟孩子沟通、寻求孩子的帮助。所以我说的话大多数情况下并不能解决问题，只能缓解一点矛盾。

而且有时，父母的要求其实有点无理，比如要求孩子不要磨蹭，按照幼儿园的时间安排孩子上学，所以不要磨蹭其实是父母的需求，也是父母对孩子施加的控制，而孩子的磨蹭可能只是在向父母控诉。当他的这一需求没得到满足，长大后也会想要去控制别人，但这个世界 99% 是由不得你控制的，并且通常你连自己都控制不了，于是就不快乐，甚至会痛苦。

那我们怎么才能摆脱我们的父辈给我们的这种习惯性的控制呢？当我们真正关注自己时，就不会去控制孩子了，孩子就得以解放，这也是一种不着力的教育。

本节要点

教育心得： 要让孩子习得的技能有存在感、被需要，这样他才会有被尊重、被看到的感觉，他才会更爱这项技能。

教育心得： 父母不要逼孩子太狠，尊重他们，让他们自己去做决策，其实他们会做得比你想象中好。

"凯叔你听，他们又吵架了"

对于不同的家庭环境，好故事起到的作用是不一样的。现在仍然有很多孩子是在父母的控制下成长的，如果想给这些生活在高压家庭环境中的孩子提供一个疗愈的过程，总要有一些他们能够听懂的声音。我希望他们通过听故事，拥有一个比较健康的心灵。

我们"凯叔讲故事"的微信和 App 后台，经常会出现这样的声音："凯叔你听，他们又吵架了。"然后我们会听到那种歇斯底里的吵架声。孩子能跟凯叔说这些话，也就有了一个情绪出口。我只能跟他说："孩子你记住一点，他们俩吵架不是你的错。"我只能跟他说这么多，说到这儿就够了，这已经算是当时能帮这个孩子的最大的忙了。

很多故事也在教孩子这些，在尽可能地化解父母的威严，给孩子提供多一点思考的角度。国外有一些很优秀的绘本作者，会在故事里调侃父母，这是一种特别厉害的精神。在这些故事里面，父母从来不是威严、高大上的 ——即使父母很威严，他们也尽量不让孩子去理解这样的威严，这对孩子是有帮助的。

但是故事解决不了所有的问题，故事不是药，故事只会缓解问题、软化问题，给孩子、给爸爸妈妈提供思考问题的另外一个角度，而最终能不能改变现状，由不得故事，还是得看父母和孩子如何处理生命中的一个个碰撞。

　　对于需要帮助的孩子，我们能做的就是尽可能地去播撒一些正确的种子，让他们能够在碰撞中治愈自己，能够不被束缚，这样就足够了。

本节要点

教育心得：父母应该多多关照自己，不要去控制孩子，孩子就会得到解放。

教育趋势：父母要学会把决定权交给孩子，少点控制欲，多些接纳和理解，让孩子愉悦地接受教育。

林曦

" 用美来培育

精神饱满的人 "

● 林曦，水墨画家，毕业于中央美术学院。2011 年创办教授书画及传统美学教育的暄桐教室，并主理独立设计品牌"山林曦照"，开设有美育和文化工作室"林曦的小世界"。在林曦看来，写字是一种生活，优质的美育可以帮助家长和孩子共同成长。

美是真切而具体的

在我创立暗桐教室之前，我曾有过一些教外国人画画、写字的机会，所以对带对中国文化一无所知但有兴趣的人入门这件事，有一些经验，并且我非常喜欢看到他们在其中收获快乐，这件事让我自己也觉得非常快乐。

那时我有一点小小的遗憾，一个国外的朋友来北京，我可以带他去颐和园、故宫这些地方观看和体会中国的传统文化，但很难像在中国台湾或日本那样，带他去茶室、教室，或者去其他一些生活中有鲜活传统的地方，去感受它们。

如果在我喜欢的北京，有这么一个地方，能让其他人看见传统在延续，让人感觉有活着的样子，那会是一件很美好的事。这件事属于美学教育，对我来说这其实和画画是一样的，暄桐教室就是一个作品，需要一笔一画地经营，从自己出发，把对美的态度通过这个作品传递给学生。

有一次，一位同学和我说，他在课上最受触动的一点就是我说过的一句话："人首先要对自己好，然后才能懂得如何对他人好、去爱他人。"

对我而言，这也是触动我心灵的一个点。我一直在向学生传达的一个想法，就是我们首先需要关注自己，让自己活得有趣、开心，活得有满足感，这才是美的开始。美不是一个形式，而是一种真切的感受，我们常说的"吃美了""喝美了""玩美了"，都是生活中具体而真实的事情和感受。

很多人对美的认知比较浅，谈到美学教育的时候，往往只限定在小孩会画两笔画、会弹个琴、能唱首歌的范畴中，很多时候还会将美育看作一种"才艺表演"，即能在家庭聚会或某些时刻表演给亲戚朋友看的节目。

事实上美育能为我们做出的贡献远不止这些。比如最重要的一点，美学能够教我们如何和自己相处，以及在迎来 AI 的时代，人不再需要那么长时间工作的时候，我们要如何创造快乐，如何活得有趣，如何做那些机器不能做的事情 —— 这些都和美有关。

本节要点

焦虑问题：很多父母不知道美育是什么，有什么作用，为什么需要，但会先塞给孩子再说。

一切都抵不过最真实的感受

有家长问我，上了名校也有各种不顺，走上社会也会有失业的风险，那为什么我们希望和鼓励孩子去上名校呢？

我觉得这可能是一个比较二元对立的困惑，愉悦和某一个期待中的好的结果，好像是不能同时存在的。

我们会发现那些从一开始自己就不喜欢做的事情，到最后它也不见得会有一个好的结果，而一件足够开心、足够有趣、不需要打鸡血和说服自己就已经有动力去做的事，往往能够让人不屈不挠地做到最后和最好。

可以燃起一个人——不管这个人是孩子还是成人——渴望探索、渴望获得成就感和美的体验的事情，才能够让人持续下去，且取得一个好的结果。

有一年举办展览的时候，许多来看展的朋友都很吃惊，尤其是一些美术专业的老师和专家。他们说："哇！你可以让完全零基础非专业的人写和画出那么多作品，而且达到一定的水平，你是怎么做到的？你是怎么让他们坚持的？"

我说大家都是大人了，且大多数同学都有全职工作，怎么可能单靠我这样一个不严厉的老师，就让他们坚持学习呢？显然，真正令他们坚持的，是他们自己，是他们内在的动力和需求。这就好比我们不会说"我要坚持吃饭，我要坚持睡觉"，因为吃饭和睡觉是我们赖以生存的最基本的需求。

一位职场人士，每天工作再忙，就算回到家已经是晚上十一二点了，也可以铺开纸写两个字，找寻一种气定神闲的感觉。当一个人在一件事情里面真正受益，那件事情对他来说就不算勉强了，他反而会主动去做这件事情。

教育小孩也是这样，你无法靠语言去告诉一个孩子，说"这个是好的，你必须这样"。这一代的孩子已经不吃这一套了，他们不再接受权威指令，这些方式对他们来说正在失效。我们需要用别的方法去给他们一些熏染和引导。

其实孩子都是非常聪明的，他们会观察、会体验、会真切地感受爸爸妈妈的行为和价值观。你是怎么做的？你是怎么想的？你说的和你做的是不是一样的？这些他都能感受到。

比如，我儿子跟我说："妈妈，我觉得这个世界最好的地方就是书房。"

我问："为什么呢？"

他说："因为在书房可以做自己喜欢的事情，很快乐。"

我接着问他："你最喜欢干的事情是什么？"

他说："我最喜欢干的事情就是写字和读书。"

这件事真的让我很吃惊，因为我从来没有强迫他去读书、写字，但是他能观察到他的妈妈每天都在读书、写字，而且都很开心。他能体会到这种开心，所以就觉得书房是世界上最好的地方。

人对一件事情的心动和愉悦是瞒不住的，就像谈恋爱的快乐、吃到美食的快乐，都是无法掩饰的。这些别人都可以从你的脸上读到，孩子对此更为敏感。所以家长不能一边搓着麻将，一边跟孩子说"你要去读书，读书才有出息，读书才是快乐的事情"……

哪怕你说的话百分之百正确，孩子也肯定不会相信。

如今我们处在一个什么说法都能听到、每一种说法都有相应支持的体系中，于是语言会显得虚弱，而没有什么比行为所带来的价值观更有力。

我们可能太介意教育的方法，也就是"术"这个层面，但一切都抵不过最真实的感受，尤其是我们跟孩子的关系这么紧密，你是无法表演出一种你理想的状态而让他信服的。

只有你真实地去如此生活，你和你想要传达给他的价值观知行合一，他才有可能受到影响。

在现代教育里，老师和家长的角色非常不一样。老师的职能更多的在于一种知识的传递，以及一种引导和一种较远距离的塑造。而家长则是孩子模仿的对象，孩子从出生起就处在一种模仿的状态中。这也是教育中家长这个角色比老师重要的原因。家长所呈现出的生活样貌，是孩子最初接触的世界。

本节要点

焦虑问题：一件足够开心、足够有趣，不需要打鸡血和说服自己就有动力去做的事情，往往能让人不屈不挠地做到最好。

教育趋势：相比老师，家长在教育上的责任更重，老师的职能更多的是一种知识的传递、一种引导、一种更远距离的塑造，但家长却是孩子模仿的对象。

美育是对生命品质的提升

那美育到底在孩子的人生中扮演着什么样的角色呢？

在这个主题没有想清楚前，人们就会出现一种"超市购物"的心理状态，想这个东西到底用不用得着呢？这个东西有可能用得着，但又不确定，就先塞给孩子。但是往往逛完超市后，很多人回家发现，家里堆了蛮多这样的东西，其实大多数是不需要的。

单纯的知识积累反而会加大压力，单纯关注"术"的层面而不是"道"的层面，会使人的内心产生矛盾和焦虑。

我认为美育最本质的价值，是建立在对审美非功利需求基础上的自我要求。但美育也需要"术"的积累，也就是我们常说的要花很多的时间去磨炼一个技能，不管是跳舞、唱歌、演奏乐器，还是写字、画画，所有的技艺其实都要熬过那个漫长重复从外界看来这是一个相当枯燥和无趣的过程。

如果在这个过程中，可以深入其中，在枯燥中收获快乐，那未来做事的成功率会高很多，因为这种做事的方法和经验，可以平移到其他事情中。做人做事都是这样，凡事都经不起下功夫嘛，聪明人下笨功夫，就会变得很强。

美育也是一种态度。

人对待世界上的成败恩怨，面对人生中的一切的时候，如果有一种"审美"的态度，会更快乐。从一个"功利"的角度来看，大多数人面对得失，很容易有情绪的起伏，得到就很开心，失去就很痛苦，抗压能力很低，但是从"审美"的角度上来看，人们看待得失和成败会多一些游戏和不功利的态度，情绪不容易陷入极端状态。

其实中国人对艺术的大多数看法来源于老庄体系，塞翁失马，焉知非福，不从一时一刻的得失来衡量当下。眼光放长远一点，一时的不如意未必是坏事，但如果太功利，揪着现在这一时的得失不放，那什么都是过不去的坎儿。

除此之外，还可以从其他角度来看美育，随着 AI 技术的发展，我个人认为工作这件事在几十年以后，可能对很多人来讲，都不见得是一个绝对要做的事情了。到那个时候，我们不工作的大量时间，要怎么度过呢？或者可以不讲未来，今天的人退休了之后该做什么呢？很多人在空闲的时间里，其实不太知道要干吗。而会不会跟自己玩，玩得开不开心，自己开心了能不能分享给他人，也是一个非常重要的能力。

将眼界放宽到整个社会，你会发现，自古以来，我们的文化里对待有才华的人，尤其是有艺术才能的人，是比较宽容的。也就是说，当一个人身上比较稀缺的天赋和才能被看到时，他会得到更多的认可。人的潜意识里会向往这种更高层次的审美体验，所以如果你能够贡献这些给外界，大众自然也会反馈回来更多的爱，甚至是宠爱。从这个角度来说，美育能让人拥有更多的愉悦感和资源。

由此，我觉得美育应该在我们的生活中扮演更重要的角色，而不该只是一个打发时间的爱好。

今天我们提到审美的时候，大多数人的第一反应还是会想到西方的艺术家，比如梵高、莫奈，但其实中国美育也是不容忽视的，中国传统文化和西方文化的差别是非常大的。

从一个有些极端的视角来看，很多西方的艺术家，都倾向于"用生命供养艺术"，就是特别能折腾，没什么困难都要给自己创造一点困难，让生活变得更起伏和戏剧化。但我们的传统文化不是这样的，我们的传统文化强调用一切来供养自己，也就是说，"我"的所有体验是为了让自己的生命更好，而不是将自己的生命作为工具，去供养一个课题或一件作品。

在我们的传统里，很少会有殉道式的存在，生命成长通常是一个良性的循环。这就是我曾说的那个游戏的思路：一切的体验都是为了"我"这个主体的"打怪升级"。

过程可能不会那么顺利，可能会是一个螺旋上升的过程，也可能是一个循环的过程。但走完一圈，人生体验会更加丰富，这一段旅程也就更圆满了。

本节要点

思维盲区： 关于教育，家长容易出现"超市购物"的心理状态，想这个东西到底用不用得着呢？有可能用得着，但又不确定，就先塞给孩子。但是回家后发现，其实大多数是不需要的。

教育心得： 美育是一种生活态度，需要通过枯燥的训练来积累，学会从审美的角度看待得失，你会觉得很快乐。

培养享受枯燥的能力

前文说到，美育难免要经历一个枯燥的过程。

这个枯燥其实是相对的，比如我写小楷的时候，写了将近一整天，从早上九十点钟，一直写到晚上九十点钟。

当时我每写一遍，都觉得自己还可以再写好一点，于是就写了一遍又一遍，重复了大概七八次。在外人看来，这就是一个极度枯燥的行为 —— 写一页恨不得花一小时，大气都不能出地趴在那儿写。但我自己觉得那一天过得无比的幸福，因为在那段时间中，我非常专注地只做了一件事情，最后还创造了自己觉得不错的作品。

所以"枯燥"这个事情，更多人是从一种外在的角度来解读的，身在其中的人反而不会觉得枯燥。在练习和重复中有所得，并有所滋养，其实是件很快乐的事情，所以我们还是应该回到内心的这个源头，用绝对的真诚来对待一件事情。

在现在这样一个信息时代里，每个人每天都处于各种信息中，小朋友很容易被信息打断，很难长时间集中精力于某一件事情上。而你如果无所察觉、无所产出，只是一直在接受，就很容易活在别人的价值观里，反而忽视了自己最真实的需求，也长不出重要的稳定性。

记得小时候，我家里是没有电视机的，现在我长大了，家里仍没有电视机。吃完晚饭，家里每个人都去看自己的书、做自己的事。

小时候的周末，我妈妈会组织大家坐在一起聊聊最近看的书，然后让我们这些小朋友把自己不认识的字写到小黑板上，用字典查出来。

这件事其实很简单，但是让我们特别有成就感。我要感谢这样的环境，让我后来在其他兴趣的培养上能够轻易地习惯"枯燥"这件事。

如果去问我父母，他们其实也并非有意这样培养我，他们只是把自己的习惯保持了下来。我妈妈是一个特别爱学习的人，从小看着这样的妈妈，我自然就觉得持续学习是一件非常理所当然的事情。

我目前的工作中，也有很多枯燥的部分，但是我依然觉得这个"升级打怪"的过程很快乐。遇到困难或者遇到自己处理不好的事情时，我会很有耐心地把它进行拆分，让完成这件事情的过程精细化、流程化，而这跟画一张画其实是一样的情况，也会带来一样的快乐和成就感。

所以学会面对枯燥，可以帮助人拥有对抗困难的能力。我们遇到困难时常常本能地退缩 —— 尽管很喜欢这件事情 —— 这样只会导致我们对任何事情都有一种浅尝辄止的态度，而浅尝辄止是感受不到快乐的。

就像王世襄先生所说的那样，人不通过自己的努力，不费很大劲儿就把一件事情做好的话，那种快乐必然是很浅的。

陪伴孩子一起成长

从务实一点的角度来说，在对孩子的美育里，父母应该要注意两点：

首先，不要把自己的喜好强加给孩子，因为他一定有他的特质和才能所在，要花更多的时间和他相处，观察他到底喜欢做什么事情并能坚持。

其次，要赞美孩子努力的过程，而不是结果。坚持不是人生来就具备的一种本事，坚持的核心在于自己是否可以受益，如果可以，那坚持自然就变容易了。而父母要做的，则是帮助孩子理解真正的受益——一种需要假以时日、逐步积累的内在的成长，而不仅仅是为了表现，为了收获赞美。

如果我们太强调他人的反馈，其实会给孩子带来很大的心理压力。

如果孩子每次画画、跳舞，脑子里想的都只是会不会被赞美，那这个压力是非常大也非常具有毁灭性的。

如果倾向于表扬他努力的过程，而不是成果，孩子会意识到，只要把一件事情做好，自然会受到赞美，而且如果孩子的自我满足系统很强的话，其实外界赞不赞美对他来说就不那么重要了，这时候他更能意识到学习这件事本身给他带来的快乐，进而形成一种让自己快乐的能力。

我常常觉得，成为父母的这一段历程，实际上是老天爷给了我们一次机会，让我们可以跟着孩子再成长一次。

做父母的过程不该是绝对利他和牺牲自我的。事无巨细、彻头彻尾地考虑怎么对这个孩子好，当然是作为父母的一种爱的表现，但是这样真的好吗？

孩子是一个独立的生命，当你完全去替他考虑的时候，某种程度上这也给他的生命制造了负担。

现在的孩子到了十六七岁，就已经完全属于他自己。你和他那样紧密的缘分可能也就是这十几年，之后他愿意受你左右和控制的可能性已经很小了。还不如如实地以"我"为主，并从这个视角来思考要如何处理自己和他共度的这段时光。

我们可以通过跟孩子一起学习、一起成长来提高这段时光的相处质量。有很多人在和父母的相处过程中，饱受以爱为名的某种压力。其实无论对父母还是对孩子，都应该建立一种更加平等的相处方式，而不是单方面地给予和接受。

有时候孩子是比我们更聪明的，这一点我非常认同丰子恺先生，他就是一个崇拜童心的人。我始终觉得孩子的灵性和他们的那种未受批判、污染的观察力以及感受力，是比我们高明很多的，所以为什么要理所当然地认为我们比孩子更聪明，然后去主导和控制他呢？乃至有一种"如果我现在不这么做，他就会有非常不好的未来"的想法，这一套思路都是非常值得家长重新思考的。

父母应该好好地接受自己，接受自己能力有限，同时应该对孩子表达感激，"谢谢孩子给了我这次机会，让我可以和你一起学习、一起成长、一起开心"。

我觉得这个视角可以带来更多快乐。

曾经有妈妈跟我抱怨，说孩子在学校里面和他那些朋友有那么多话讲，回家却和自己一句话都没有。我说你应该去想一想你是否一直站在一个朋友的角度陪伴他，你是否有好好听他说的每一句话并且不随意评价。

有时候父母会觉得太过在意孩子会影响自己的权威，于是总是摆出居高临下的态度随意指点评价，这样是非常不好的。就像我们自己在选择朋友的时候，你也不想和那个总是在评判你、指导你的人在一起，而更愿意亲近那个更开放、价值更多元、更有趣、更好玩的人。那我们为什么不去当一个好玩、有趣的家长，而要去当一个正确的家长呢？而绝对的正确本身就是不存在的。

我在设计早教课程的时候，会设计小朋友可以和爸爸妈妈一起学习的课程，因为如果能够创造一个交流的空间，让父母和孩子的人生中有那么一段一起玩、一起学习的时光，是无比珍贵的事。

我记得我刚开始学画画的时候，学画凌霄花。凌霄花的临摹难度挺大的，我画得不是很好，我妈妈就在旁边指点。我当时就很生气，说："你那么厉害你画一个试试。"然后她就坐下来很认真地画了，画得真的很好，我从此对她有了一种发自内心的崇拜。

现在，我对我儿子也是这样。我儿子喜欢玩乐高，他对周围那几位玩乐高的高手真是特别喜欢。我就想，为什么我不能扮演那个高手的角色呢？后来我买来乐高和他一起搭，我用一小时搭成了一个他认为我肯定不会的、特别复杂的埃菲尔铁塔，于是我在他心目中的地位瞬间得到了提升。重要的是，那一小时我自己也玩得很投入、很开心，并理解了他为什么那么喜欢这种玩具。这让我意识到，每件事情只要能真实地、不功利地游戏、沉浸其中，那么我们会获得的，往往比我们原本期待的要多得多。

在孩子的教育中，我不会对孩子有太多要求，也不会过多念叨他们该怎么做、不能怎么做，但当孩子需要一些帮助和陪伴的时候，我一定特别努力和认真，由此产生的、建立在小朋友心中的信赖是胜过千万句言语的。

所以父母还是先修炼自己吧，你希望孩子成为怎么样的人，最好自己先成为那样的人，然后带着他一起成长。

父母和孩子之间不应该是一种牺牲一方来成全另一方的关系，虽然我们的上一辈或者上上一辈，往往惯用这种方式来养育孩子。很多奉献型的父母到了晚年之后容易产生一种自我感动的情绪，这种情绪自然地演变为一种自负，导致父母对孩子产生很多苛刻的要求，比如"我为你奉献了这么多，你自然而然应该听我的"，但这其实是很不健康的关系。

我希望我们和孩子的未来是更有趣、更酷的。我常和我的儿子说，有可能你长大了之后想找我都得提前预约，因为妈妈实在是太忙了、玩得太开心了。

父母一定不要轻视和孩子一起成长的机会，不要太依赖说教，要和孩子一起玩起来，甚至玩得比他们好。跟孩子一起成长能收获很好的体验，我们就陪着孩子长大，让他们成为他们自己吧，同时，也让我们自己再体验一回长大的感觉，从中受益。

本节要点

教育心得: 家长不必扮演专家，孩子会觉得学习轻松、有趣很多。家长和孩子应该一起学习，一起成长。

美育帮助人完成自我实现

综上所述，美不是一种形式。我们讲天地有大美，但天地的大美从来不是为了取悦谁。它只是自然而然地处在一个自己的沧海桑田的过程中，这个过程本身就是美的。所以当一个人足够专注，可以回归自己的内心，并得到愉悦和自在感的时候，呈现出来的就是美。

关注如何和当下的自己建立正面的关系是非常重要的。如果用当下的自己去换取一个未来的成果，仅把当下的自己看作一种代价，那是没有办法过好当下的。过不好当下，未来又怎么能好呢？

小朋友更是非常需要过好当下的，人类最初的成长就是在每一个当下中模仿，这也是一个自然而然的过程。很多父母都喜欢人为地制造孩子的未来，这可能也是在人为地给孩子的生长过程创造阻力和困难。

比如，绝对以小朋友为中心的家庭模式就是一种非自然的模式，孩子将来独立成人、走上社会之后，狭隘的认知和不自立，会令他更容易受挫。教育是一个比较沉重的话题，我作为一个手艺人，能贡献的不多，最多也就是自己做暄桐教室这些年来的一些关于美育的体会。

在暄桐教室的文化中，有一个核心的精神便是"独善其身"。这是一种传统的文人精神：先把自己照顾好，等自己有了多余的能量之后，再将其分享给更多的人，形成一个非常良性的、能创造真实幸福感的循环。

当人站在一个更远、更高的角度去看待生活，就会发现很多我们以为的意义都是虚无，真正有意义的是人自我的体现。

所以在我的观念里，美育就和我最大的爱好 —— 画画一样，既有方法和技术、有感知和情感，也有循序渐进的优化的过程，只是它不是画在纸上，而是画在人的生活中，这是美育的意义所在。

本节要点

思维盲区：不应牺牲当下的自己换取未来的成果，如果当下的自己仅仅作为一种代价被付出的话，此刻你不好过，未来也很难好过。

王熙乔

" 相信每个人
都是天生的学习者 "

● 王熙乔（Jason），探月学院创始人，创新教育的先锋实践者。王熙乔 15 岁只身从四川到北京求学，在北大附中的创新教育中收获了绝佳的成长体验，于是决定将这份体验分享给更多人。他放弃了南加州大学天体物理系的录取通知，选择投入探月学院的创业工作中，得到多方支持。

● 王熙乔认为，在未来十年内，教育格局将会发生结构性的改革，学生将在充分的自我激励下，将整个世界看作自己的资源库，进行自主的学习。探月学院将尽其所能推动这一改革的到来，培养内心丰盈的个体和积极行动的公民。

"探月学院的家长和我一样内心纯粹且有力量"

"探月学院"是一个不太接地气的名字，这个名字和我自己本科学习的专业天体物理有关。

最初构思这个项目时，我觉得它非常有价值，但因为打破了很多传统，曾被很多人认定为"不可能"。我当时想到了肯尼迪登月演讲中的一句话："我们做这件事的原因并不是因为它简单，反而是因为它很难。"我想我要做的事看似不可能，但其实是可以实现的。我把这个项目命名为"探月学院"，不仅表达了自己对于事业的追求，还表达了自己内心层面的追求。

之前，我们给感兴趣的家长开了探月学院的招生说明会。家长们大多能够认可探月学院的价值，但也担心它难以实现。比如，家长们会关心探月学院如何和当前的大学教育接轨、如何帮助孩子们备考、年轻的老师是否有经验……这些事情对我来说都是很困难的。

我们做的事和大多数家长概念里最重要的事情有些许冲突。我们该怎么跟他们说"不"，怎么坚定自己的追求和使命呢？这两个问题让我们不断地产生自我怀疑。

2017年底，我在接触第一批家长前非常恐慌——我们已经做了这么多事情了，终于要开始招生了，但我们做的事情到底能不能被用户认可呢？我本身对自己做的事情是非常有成就感的，但是如果不能得到用户认可的话，我们再怎么觉得它好，外界再怎么觉得它酷，这件事情也没有意义。

那段时间我非常焦虑。直到次年1月初，元旦后的第一个周末，我见到了第一批想要了解探月学院的家长，才发现真正会接纳我们的那群人是和我们一样纯粹的人。这其实是非常有趣的，虽然我在做这件事的过程中会不断地自我怀疑，但总有和我一样内心纯粹且有力量的人不断地加入。能够遇到这些家长，并且与他们同行，是很幸运的。

这时我们就发现，探月学院是可以吸引到我们希望吸引的那一批家长的。我们给探月学院赋予了很强的使命色彩，在探月的场域里，我们是不需要规避"高尚"的，我们也不需要为"不接地气"而感到羞耻。比如，我们常常会说，我们的教育需要考虑人类的福祉，我们希望在未来十年内去变革人类现有的教育体系。这些东西用主流话语讨论可能让人感觉有点傻，但我们有在认真制订计划，想要一步步完成使命，这一点是探月学院最打动人的地方。

而愿意参与到"探月计划"中的家长们，也认同这一点。这些家长对孩子的期望并非是单一的、通关升级式的，他们希望孩子以后能够知道自己想要什么，并为之努力。

这些家长中很多都是我的忘年交，他们大多到了四五十岁的时候才明白，人生并不是一个一直在追求下一阶段的过程，而是一个探索和塑造自己的过程，人生真正应该追求的是"我到底是谁""我到底要什么"。有这种想法的家长自然会被探月学院的氛围吸引。

此外，探月学院"纯粹感"的氛围还能帮助家长打消顾虑。很多国际学校的招生策略是把家长放在学校的对立面，所谓的招生宣传就是一步步把家长说服，甚至给人一种"把家长诓过来"的感觉。探月学院不是这样，我们用自己的追求和纯粹感，吸引与我们有相同追求和气质的家长。

在"探月计划"中，我们和家长是完全站在一起的，我们有着相同的纯粹目的，就是希望每一个生命个体都能去寻找他自己最好的生命状态。

本节要点

焦虑问题：现有教育体制中很难有人和孩子认真探讨
"我是谁"这个问题。

焦虑问题：教育行业过于老套，如何给有才华且有志
从事教育行业的人提供一个较好的组织文
化和福利待遇？

"在这样的未来里我能做些什么？"

探月学院在 2019 年才开始第一批正式招生，我们需
要通过面试来选择可以进入探月学院的孩子们。

这其实存在一个让我们感觉非常矛盾的问题：探月的
核心信仰是，每个人都是天生的学习者，所以理论上，探
月教育应该能惠及所有人，但实际上我们的能力是有限的，

或者说我们能够支持的范围是有限的。

第一期的面试中，大概有三分之二的孩子没有拿到录取通知。一方面是出于教育资源的考虑，我们第一年的确不敢招太多的学生；另一方面则是出于对学生的整体考察，我们偏向于选择和我们目标一致的学生。我们的教育目标是，培养内心丰盈的个体和积极行动的公民，已经出现这一特征的孩子，我们更愿意给他们完全的支持。

有人会问：为什么不先做小学教育，从孩子更小的时候开始影响他们呢？的确，越早提供一个更加自然积极的教学环境和生长环境对孩子的成长越有利。但我们调研后发现，在国内做低年龄段教育创新的企业和项目很多，却很少有人敢碰高中教育，因为高中时期是家长焦虑程度和教育难度最高的阶段，而且它还对接着孩子成年后的出口，是一个孩子步入成年的非常重要的桥梁。从教育生态角度考虑的话，我们认为从高中教育找突破口会更有意义。

创办探月学院的这个创业想法和我自己的经历有关。

我出生在四川绵阳，虽然绵阳是一个还算大的科技城，却是一个教育非常不发达的、完全推崇应试教育的地方。我从 5 岁时开始住校，因为学习成绩还不错，父母和老师都不怎么管我，所以我算是成长得比较自由的那种小孩。

我们学校是十二年一贯制的学校，也就是从小学一年级到高中三年级都有的学校。读初中的时候，我经常能看到学校里高中部的学生每天早上六点半起床，晚上十点半睡觉，还总听说他们夜里得在被窝里刷刷题什么的，我当时就觉得这不是自己喜欢的生活，并开始寻找有没有别的生活方式。那时我的一个同学要去北京参加北大附中的面试，我知道一些北大附中教育创新上的常识，以及王铮校长的一些言论，我对这些很感兴趣，于是就和那个同学一起去了。很幸运我当时通过了考试，顺利进入了北大附中。

就像我自己说的，我成长得很自由，我从小就不太需要别人推动我，自己能很好地管理自己。在北大附中这样一个给学生提供尽可能多自主选择空间的地方，我其实是非常受滋润的。

在北大附中我遇到了对我人生影响非常大的几位老师，其中两位是一对夫妇，他们是圣约翰学院的教授，很注重与学生的探讨和哲学的思考方式。在北大附中的前两年，我们都在接受这样的教育：第一年我们探讨什么是本质，第二年我们探讨什么是变化。

我第一次在教育的场景里意识到每个人都有自己的标准答案，与此同时也意识到，这个世界上很多现有的基准规则并非恒久固定的，比如，古巴比伦《汉穆拉比法典》和美国《独立宣言》里所提倡的好的人性是完全对立的。在这样自由的探讨环境里，我的思维得到了特别大的解放，不再轻易地相信权威，而是相信自己独立的思想。

高三之后，我们学校来了一位新的老师，他是美籍华人，在来北大附中之前曾在香港的贝恩做咨询工作，后来在中国最早的营地教育企业做 CEO。他教的第一门课是创业学，但并不常在课堂上讲很商业的东西，反而都在探

讨当下最前沿领域的知识。2014 年，我们就在课堂上讨论
人工智能、基因工程等科技对人类未来 10—20 年的影响。
如果说之前两年学习的哲学让我对过去进行了很多本质思
考的话，那高三时期学到的东西则让我对未来和格局有了
更多思考。这一时期我开始想，在这样的未来里我能做些
什么？

那一时期我迷茫了很久，我虽然选择天体物理作为未
来大学的专业，但我并不知道自己真正要什么。我大多数
时间都过得很自由，但总归是在学校里，是在有限的选择
里，所以突然之间那么多未知的、不确定的东西摆在面前，
我反而不知道该如何选择了。当时老师问了我一句话："你
现有的经历中，你认为什么最让你觉得有意义？"

我仔细回想自己的经历，大多数时候我都是很幸运的，
能来北大附中读书，能拥有自主选择的空间，也能思考
"自己是谁"这样的问题。当时我正值高三，每周有三分之
一的时间在中科院实习，这一点在别的学校几乎是不可能

的。所以我就回答："到北大附中后获得的教育体验对我来说是最有价值的。"然后老师就说："那把你觉得有价值的东西分享给更多人，会不会是一个很好的事情？"

从那时起，我就开始了我最初的教育尝试。我在学校里做了一个俱乐部，在这个俱乐部里我尽可能地分享自己对于教学的深度思考，并且帮助实践性学习"落地"。这个俱乐部做了半年多，影响了学校里蛮多的同学以及学弟学妹，让我觉得很有成就感。

那时我已经要去读天体物理的大学课程了，但我还是觉得自己对于教育更有热情，于是我就回到北大附中找王铮校长，问他我有没有可能当老师。校长当时特别稀松平常地跟我说，他可以内推我去面试，毕竟我的简历肯定过不了。后来我很幸运地通过了面试，然后就开始负责北大附中体验式学习这一部分的工作。从这时开始，我的身份从受教育者，正式转变成了做教育的散户，开始真正步入教育行业。

于是我就在现在的探月学院那间办公室里，开始了我们学院项目的孵化。我们为学生提供体验式学习的服务，去支持学生做自己想做的项目。后来我们也把这一套方法论开源了，北京市所有的学生都可以得到我们的支持。

就是在这个时候，我认识了探月学院的第一个投资人和合伙人——王建利博士。他代表杜克大学来到北大附中，我负责接待他。当时我们聊得非常开心，王建利就提出他投资我创业的事情。我那时其实没什么创业的想法，但是他说他可以带我去美国转一圈。通过那次旅行，我对全球前沿的教育状态有了一个了解，也发现自己其实是能够做一些事情的，于是便开始创业。

青春期是一个很容易让人迷茫的时期，在这一时期，孩子会努力地进行自我定义，长期地处于一个纠结和压抑的状态中。探月学院要做的，就是创造一个完整的教学体验，让孩子能够更好地发现自己，从而释放自己的能量。

本节要点

教育心得： 没人能够规划你的生活，但好的老师可以问出特别重要的问题，引导你去思考。

思维盲区： 好的教育让一个人的抗压力增强，让他变得优秀，但并非让他变得伟大。

"最大的目标，就是让学生不再需要我们"

前文说过，我觉得教育就是帮助每一个生命个体寻找自己最好的生命状态，也就是帮助每个人充分地做自己。所以我们做的第一件事，就是塑造一个没有那么多条条框框的文化，你可以随意做梦，勇敢尝试。

有人会问很极端的问题，如果一个女孩说她想拍电影、想当网红、想出名，那我们要如何帮助她呢？其实这都不是问题。首先我们会帮助学生学习思考，学习看见自己，比如，看见自己真正的需求，很多时候我们脑子里想的并非我们真正想要的。而在我们的传统教育中，老师经常被放在学生的对立面，老师在面对学生时经常会有一个"我是在教学生"的态度。

探月学院对老师的要求很严格，会选择非常优秀的人才来当老师。优秀人才有极高的创造力，我们需要做的是给他们提供一个创造的空间。我们会把目标定好，提供实现目标的工具，然后让每一个老师都成为一名开发者，来执行项目，并让它达到上线的标准。

我非常羡慕探月学院的老师的状态，给予他们足够的报酬，让他们不用为生活操心，我们还提供足够的项目基金，让他们每年都能变着花样地开设各种课程，同时老师也能在教课的过程中学习新的知识。

探月学院的老师并非在数十年如一日地教授一个东西，而是在变着花样地、不断地创造。这其实是一个双向的需求，我们需要这样的老师，我们给这样的老师提供的工作环境，对他们来说是一个天堂一样的地方。

其中一位老师是麻省理工学院唯一连续两次拿机械工程大赛冠军的人，毕业后他曾去苹果公司当硬件工程师。他在苹果公司待得特别不开心，觉得虽然可以拿到高薪，但那并不是自己想要的生活。他其实不需要那么多的钱，只需要有足够的钱来保障自己有体面的生活，让自己想吃什么吃什么、想去哪里玩就去哪里玩。来到探月学院之后，利用我们提供的场域和材料，他能够带领学生去做很多事情。你会发现这样的人特别擅长调动学生，在这样的老师的影响下，学生会很热爱自己创造和学习的东西。

在"探月"的世界里，没有老师和学生的区别，任何人都可以发起课程，只不过老师更有可能成功地发起课程。我们认为，如果一个老师觉得自己比学生知道得多，那这门课本身就已经失败了。老师的使命应该是指导学生来突破自己，老师应该尽可能教导学生去找到老师无法教给他们的东西。 比如之前我们有个学生，学了一年的艺术史，在上完自我认知的课之后，他跟我们说他想要办一个画展，于是我们就帮他对接了一个策展人，接下来他就努力了一年，把这个展办起来了。 我们并不会有求必应，但我们能教给学生思考方式和解决问题的方法，让他们自己去解决问题。 所以我们常说，我们最大的目标，就是让学生不再需要我们。

本节要点

教育趋势： 应该让最优秀的人从事教育。

"我们不再生活在只看学历的世界里了"

教育理论中有这样一个说法，"内在动机是影响学习效率的最大因素"，但我们从来都在违背它。 我们的教育总是和严格管理脱不开关系，我们没有安全感，总是尽可能地设置一系列条条框框，对孩子说你必须这样、你必须不能那样，总觉得一定要这样孩子才能成事。在这样的环境中成长起来的孩子，常常会不知道自己为什么要去学习。我们之所以这样，其实是因为对孩子缺乏信任。探月学院的一个基本的价值观就是，相信每个人都是天生的学习者。

我们的要求是，绝对不能不信任任何一个人。我们也有英语、科学、画画之类的基础课程，也会有孩子很幼稚地说"我就是不想学英语"，这对我们来说其实是一个如何让学英语从外在的需求变成内在动力的问题。这个问题一定要通过沟通的方式来解决。我们学院有成长导师的机制，并非直接丢给孩子一堆东西，跟他们说你必须得学，而是让他们看到自己的目标是什么，为了实现这个目标他们必须付出些什么。另一方面，我们信任孩子，给孩子犯错的机会。

现在信息技术日新月异，区块链的技术开始渗透到各个行业，我们能感受到一点教育正在变革的气息。所有的知识和信息都可以在线上获得，每个人身上所贴着的标签开始变得不那么重要了，不一定非得是电影学院毕业的才能去拍电影，只要我们的作品能被人认可就可以。这种变革其实是一个去标签化的过程，我们不再生活在一个只看学历的世界里了。

我们可以想象一下，十年之后，物质和信息的传输成本大大降低，在那个时候，还会有人愿意让自己四年时间里都固定在一个地方、局限在一个封闭的教学体系、接受指定好的教育吗？"我为什么不能先在哈佛待半年，再在麻省理工待半年，之后在斯坦福待半年，然后再去印度待半年，去非洲待半年……"

既然我们所有的经历都能以可视化的方式呈现出来，作为我们能力和创造力的背书，那么为什么还需要一张纸（学历）来作为证明呢？

从现如今的教学经验来看，学校里的 05 后在我们的教育框架里运用技术去捣鼓东西的能力，可以说是"进化"程度的改变。这个变化的速度其实非常快，学生自主学习的年龄段在不断地下降。

所有的学生都特别喜欢我们，也特别热爱他们正在学的东西，而且会拼命地把一个东西学好、做好。他们会利用我们的 IP 系统自主地学很多的知识，所以探月学院并非是一个很轻松的地方。一定程度上来说，我们学院的学生在学习上花费的时间比很多其他教育体系的学生多得多，但是心理状态却完全不同。因为有内在的动力，所以他们的学习更快乐。

本节要点

教育心得：内在动机是影响学习效率最大的因素，要想办法让学习这件事从外在的需求变成内在动力。学校本质上是学习资源的结合体，要保证学校对学生真的发生了积极作用。

"世界就是服务于我们目标管理的超市"

我们把学习分成三个模块，一个叫个性化学习，一个叫项目学习，一个叫深度学习。其中，个性化学习就是顺应时代，促进学生个体发展的学习方式。我们都知道，知识一直在快速迭代，全世界最好的知识很多都在线上，甚至有人把线上的知识整理成书或者视频，供其他人更好地学习。我们不需要把学生框在一个时空里面进行教授，一方面没必要，另一方面在这个时空里教授的知识肯定都是延后的。我们会鼓励学生在线上进行知识的学习，而线下的项目学习，则会由学院的全职老师来带。

探月学院的全职老师大多有 AI 背景，同时我们也会请企业界人士兼职带学生。探月学院的整个课程体系是一个开源的框架，具有这个时代特征的内容，都可以反映到我们的课程体系中来。举一个例子，我们有学术类项目，这个项目就是把每个科目中的核心概念整理出来，比如，数学中的"极限"这一概念，以及生物学中的"生物多样性"这一概念。

"极限"这一概念已经出现很久了，100 年前的学校里，教师就会教授学生"极限"这一知识点。20 世纪初，没有人工智能，没有计算机，没有其他科学技术的展示方式，人们会在当时的社会背景下用当时前沿的东西去教"极限"这个概念。但是在 21 世纪，在这些技术出现后，我们就可以运用这些技术去教授"极限"。

所以我们的核心点在于，一定不能把课程内容封闭起来。我们希望时代发展带来的最新技术能够参与到我们的课程体系里面来，帮助我们更好地教育学生。我们一直在利用所有可以用的资源，搭建一个开源的框架和系统，让我们的资源能够更有效地去服务我们的目标。我们也在考虑在成都、长沙、上海、深圳这些地方建新的探月学院，并非因为这些地方比较发达，只是觉得把学校建在交通枢纽城市，可以更大程度地影响周围的教育生态，帮助周边教育的组织变革和教师培养。

除了基本的知识教学，我们每周都会举办不同行业的"工作坊"，邀请企业家和优秀个人进行经验的分享。我们还跟国内最大的实习平台合作，为我们的学生提供个性化的实习推荐，当然学生还是要依靠自己的实力得到录用。

在我们的教育框架里，最想要培养学生的能力是 4C 和 2S。4C 是指沟通能力、合作能力、批判性思维、创造力，2S 指自我管理能力，包括自我情绪控制等。我们把对知识和能力的考核看作两个方面的东西，第一个是对知识的深度理解和整合应用，第二个就是能力的建立。这些都需要通过接触真实世界的项目和同他人合作才能建立起来，学院的老师会帮助他们去接触这些东西。

探月学院的内核，包括"工作坊"、课程、线下项目、线上资源，以及所有教师的生活体验，它可以被理解为一个超市。在这个超市里，有很多不同的商品，这些商品的作用并不是由我们来定义的，而是由每一个有特定需求的学生来定义的。比如，学生要去美国的大学，要去拍电影，要去创业，那超市中自然有某些东西对他们来说是有价值的。

整个世界就是服务于我们目标管理的一个超市，它像是一个轴一样的东西，把所有的资源给裹起来。我们需要做的，就是去"拿"自己需要的资源。

很多时候我们止步不前，不是因为没有资源，而是不会规划，不会追求。比如，我高中时期去中科院实习，很多人都猜测我是不是有关系啊，怎么高中生也可以去中科院实习，但其实那就是很简单的一个电话的事儿。我当时给中科院打了个电话问我能不能去实习，对方觉得这个高中生有点儿意思，就问了我某些方面的知识，正巧这些我都知道，他们就给我开放了一个"实验助理"的岗位。

很多时候我们并不是没有资源，而是不知道如何去规划、去索取。我们现在就给学生灌输这种观念，希望每一个从探月学院毕业的学生，都能把这个世界当成自己的学校、自己的资源库。大学是一个很好的平台，学生如果能够在大学时期清晰地知道自己想要什么，自然能利用好大学的资源。

"内心丰盈源自自我认知和构建自信"

我的自我探索开始得很早，我很小就离开四川跑到北京，之后很幸运地受到了北大附中很厉害的老师的影响，他们的自我探究式的课程对我影响很大，也因此我才有机会开始这个创业项目。一定程度上，创办探月学院的过程就是我自己自我意义实现的一个过程。

除了自我探索，对外探索也是很重要的。

其实我们把知识大致地分个类就能发现，知识无非就是概念性的知识和程序性的知识，概念性的知识是可以对未来产生重复影响的知识，而程序性的知识则更有特定性，有了特定的某个目标，实现这个目标的程序和需要的技能，就是程序性的知识。

除此之外，对个体来说还有两项能力很重要，也就是你的核心能力——创造力和引导力。我们研究发现，这两项能力会受到教育和心态的影响。它起源于自我认知，当人认识自己之后，就会对外发散觉察能力。这是一个深入学习的过程，也是我们系统搭建的一个学习模块，我们会找大师级的老师来教学。

在这个模块里我们有一门必修课，叫中国哲学概论，请的一位台湾的老师来教学。我们希望这是一个由浅及深，并且可以走得很远的课程，所以我们的课程并不仅仅围绕着中国哲学知识，而是由老师和学生一起来搭建一个概论体系，毕竟中国哲学本身就是一个很系统性的东西。一个时代的哲学并非单独存在，它和这个时代的社会文化等息息相关，所以我们授课的过程中会关注哲学背后关于社会的探讨。我们把中国几千年的历史梳理出来，然后在每个时代挑出一些很好的问题来讨论。

比如，在农耕社会之前，在狩猎的时代，那个时期很重要的两个问题是：食物是怎么分的？最后一顿饭分给谁？这两个问题能直接引出学生对于管理、领导、权力等的思考，并间接关注到整个部落的运作结构。再比如，黄帝的时代，为什么黄帝会对人体生理、病理有那样的了解。通过提出和解答这些问题，我们可以看到古人的智慧，理解他们的"生存空间"和生存优势。

我们把基于每个时代提出的问题挑出来，课程就得以顺利地进行。在这种情况下，不需要非常权威的老师，只需要一个会读古文的探究者，换句话说只要他好学就行。上课的过程中，老师可以带领学生一起探索、一起学习。

这样的课程其实是很有趣的，因为每个学生感兴趣的领域不一样，所以课堂上，你可以看到关于这一时期学生对于社会的不同方面的思考。有些学生对当时社会的经济背景感兴趣，有些学生对政治背景感兴趣，还有些学生对当时的生活方式感兴趣。从这些不同的视角探究，可以把当时的社会场景尽可能全面地描述出来，可以让学生更深刻地理解当时的哲学概论是什么，以及它的影响。

通过这种方式学习和训练，学生很容易对自己的文化产生认同感。文化认同并非指单纯的认同文化，它是学生在文化理解的基础上的自我选择，是一种辩证的思考方式。我们希望通过这样一种方式帮助学生建立文化认同，让至少一小部分学生可以做到真正地尊重和理解古人，并站在古人的肩膀上超越他们。我们的系统课程中还有一门必修课是西方哲学史，我们用了同样的方式去研究在西方哲学影响下的西方发展史。

之所以选择这样的教学方式，是因为我们的教育目标 —— 培养内心丰盈的个体和积极行动的公民。要想内心丰盈，需要不断地自我探索和构建自信，内心丰盈的个体拥有一套完整的思考方式去面对世界的不确定性。而积极行动的公民，需要有全面的视角去看到人所处的社会和系统，并且积极地为系统做点什么，这就是我们定义中关于"公民"的最基本的核心，也是我们想为国家培养的人才。

我们有时会思考公民之于国家的意义，基于一个公共事务，我们要如何把教育这件事情做得更好？如何让大家基于同一目标共同努力，并在其中完成自我实现？我们需要帮助学生培养一样可以看到系统的视角。

我们有一个特别难的项目，叫作2049，在这个项目中，学生需要思考2049年人类的生活，每个学生都可以选择从自己感兴趣的领域展开，可以从购物展开、从娱乐展开，也可以从能源展开、从做饭展开……从不同的角度去思考 2049 年的人们是怎么生活的。于是学生就不得不思考 2049 年能源是怎么供给的、社会的规则是什么、经济是如何运转的。在这个过程中，学生能透过自己感兴趣的领域看到更深层次的东西，间接关照到现在的生活。比如学生会想，到 2049 年我们会遇到什么样的问题？这个问题我们要怎么去解决？通过类似的不断的训练，学生就能够构建自己和这个世界的关系。

我们最终希望学生是更激进的，更有创造力的，更有社会责任和担当的。而这样一种不断探究并看见系统的思考方式，也能让学生更好地认识自己。

本节要点

教育心得： 个体的主观幸福，以及如何通过教育去建立一个丰富的内心，是无法被任何机器替代的。

"家长们，不要让自己成为孩子的天花板"

教育的本质包含两个方面：为个体服务和为群体服务。

一方面，从个体的需求出发。人是被需求推动的，最高的需求就是自我实现、自我满足、自我超越，教育是在为个体服务，让个体的需求得以实现。古希腊第一次出现"学校"这个词的时候，学校是闲暇的意思，指一群人探讨生命的意义是什么、善良是什么、美是什么、真的和假的分别是什么，并在此基础上衍生出关于个体价值的讨论。

另一方面，从群体的需求出发。教育需要满足群体的需求。从历史上看，每次教育体系发生重大变化的时候，社会也正在出现重大的变革，比如，现在的教育体系基本是工业革命时期建立起来的，它烙印着工业革命时期的社会特征。那时的工人需要具备大量的特定知识和技能，而且很多人在工厂一干就是一辈子，就像现在的教师。

教育在历史进程中承担着非常重要的个体和社会责任，每次大的教育系统变革，都是为了满足社会发展的需求。

现在的时代变化太快了，家长们常常传播焦虑的教育方式。家长也不知道未来是什么样子的，不知道未来的社会需要什么，却看到什么都塞给孩子，觉得孩子会的越多越好。但我觉得家长应该意识到一件事情，世界上最聪明的人也很难预知十年、十五年后世界的样子，想要预知更遥远的未来就更难了。所以家长们要做的，就是对孩子的成长抱有敬畏之心，说白了，就是不要让自己成为孩子的天花板。

我们目前让学生学的知识，也不敢打包票他们在未来一定需要，但是学习知识的过程中掌握的思考方式是永远实用的。拿编程教育来举例，编程语言更新很快，我们现在学的语言未来不一定能用到，但是关于编程的思考和编程素养却不会被淘汰。学生在学习编程的时候，学习的是机器的思考方式，学习的是循环之类的算法是如何完成的。

学生不需要去抠编程里面的细节，只要了解它底层的机制就够了。父母让孩子学习某个技能时，重点要学的并不是这个技能或者知识本身，而是这个技能背后的东西，也就是它带来的思考方式，这个思考方式是一个不变的且始终有价值的东西。

所有对教育感到困惑、有压力的家长，只要能把最坏的情况想到，然后在此基础上想清楚遇到最坏的情况要怎么办，就不会那么焦虑、那么恐惧了。

大家之所以焦虑，就是因为害怕最坏的情况发生，但是很少有人想到最坏的情况是什么，更别说面对最坏的情况的办法。我也很难想到三年后、五年后自己是怎样的。我认为，只要把当下的事情做好，就能避免焦虑。

如果我有孩子的话，我会让他在人生的每个阶段做该做的事情。比如幼儿园和小学阶段，我不会对他有什么要求，就让他玩 —— 好好玩，专心地玩，全神贯注地玩。我觉得孩子在这个时间段的主要任务就是玩，在玩之中收获有趣的体验。

这个想法和我自己的经历有一点儿关系，我虽然一直在应试教育的体系中成长，但比较幸运，没有花太多时间在学习知识上，考试对我来说不是一件非常痛苦的事情。我学得很快，所以有大量空闲的时间，而且父母对我的管教也很松，我小学三四年级的时候，经常晚上打游戏打到十二点，我妈妈不怎么管我。我觉得打游戏并非是一件对错的事情，而是出现在一个人的某一个阶段中、符合发展规律的事情。

国外一些尊重孩子发展规律的学校里，你能看到，有的孩子全神贯注地玩，而有的孩子在很小的时候就掌握了高中阶段的知识，因为他感兴趣，所以他认真去钻研。所以我支持孩子玩，但要玩得非常专注。在这个过程中，孩子的自我意识会慢慢觉醒，能逐渐在自己感兴趣的领域里做到专注，这种能力自然会为他们未来的学习打好基础。

本节要点

教育心得：理想的教育是帮助每个人成就最好的自己，它的教学方法和所有支持教学方法的东西，都要服务于人的成长规律。

教育趋势：教育体系的变革不一定自下而上，也可能自上而下，当现有教育培养出来的人无法满足企业的需求，教育会自己做出改革。未来教育体系可能会由教育机构和企业一起搭建。

蔡志忠

我的决定父母永远支持，

从不问为什么

● 蔡志忠，漫画艺术家，15 岁成为职业漫画家。著有《庄子说》《老子说》等 100 多部作品，全球销量超过 4000 万册。获金马奖最佳卡通片奖、"金漫奖"终身成就奖，通过漫画对中国传统哲学与文学做出了史无前例的再创造。

● 蔡志忠 4 岁半时从父亲那里得到一块小黑板，从此有了找到人生之路的感觉。15 岁时成为职业漫画家，36 岁时独自前往日本，立志成为日本最伟大的漫画家之一。他并非传统教育出身，相信教育就是帮助孩子发现擅长的事，并努力做到极致。

教育孩子，就是让他们早早出发

其实关于孩子的教育，最开始就要讲明白三课。

第一课：我。我叫蔡志忠，我爱画画，我不会唱歌、不会跳舞、不会弹吉他、不会游泳。

第二课：你。你叫某某某，我会画画，你会唱歌。

第三课：我们。我们在一起是一个团队，一个人不会太厉害，所以需要合作。

这就像孔子说的"吾道一以贯之，无非'忠恕'两字而已"。其实只要了解孔子所谓的"忠"跟"恕"，就能了解一万五千多字的《论语》。

什么是"忠"？孔子讲的"忠"就是指做自己，把自己做到止于至善，就像《论语》所说的，"君君臣臣父父子子"。我们一开始是人家的子，后来是人家的哥哥，而后是人家的父亲或者是人家的下属，之后是人家的领导。我们的身份一直在变动，但是每一次都要尽本分，做儿子的时候要尽到做儿子的本分，做父亲的时候要尽到做父亲的本分。"在其位，谋其政"，就像一棵树会成长，长得很好，就是"忠"。

那什么是"恕"？"恕"是"如心"，"恕"是推己及人，就是要站在对方的立场思考他的行为。当你"忠"跟"恕"做到极致，就叫作"仁"。"仁"右边的两横分别代表天地，"仁"就是阳阴、正负和人的关系。

我不是很看好现在有些年轻人所宣扬的个性，他们的个性其实只是希望父母管他们少一点，希望功课少一点，希望买名牌多一点，或者希望考清华北大常春藤……

这是一种完全不考虑自身条件的个性，或者说他们不明白为什么想要这种个性。我认为一个小孩想要有个性，首先要了解"我是谁""我从哪里来""我要去哪里"这三个问题。

了解"我是谁"，就是掂量自己口袋里的筹码嘛，了解"我从哪里来"，就是了解自己的家世、初心，基于这些再考虑"我要去哪里"这个问题，也就是自己到底想要成为什么样的人？

泰格·伍兹 10 个月大的时候，他爸爸就给他一根很短的推杆，让他当玩具玩。他两岁就上当时美国最火的现场节目，表演十英尺推杆，而且一杆进洞，之后的人生也一直在做这件事情。他就很幸运，很早就有了梦想，对未来的定位特别明确。德国如今的教育也是这样，大多数年轻人考虑好自己未来想干什么后，就去职业学校学习专门的技术，反而去上大学的人少很多。

其实教育孩子就是这样，要早早给他们上完关于他们自己的那门课，早早发现，然后早早出发。

本节要点

思维盲区： 现在的年轻人考虑得更多的是"我要做自己""我要有个性"，但其实这只是为了让父母管他少一点。

教育趋势： 在德国，不一定每个人都要上大学，很多职业高中从高一起就教授专业技能。孩子对自己未来要从事的职业很明确，不一定什么都要学。

一个好父母首先要做两件事

我始终觉得，要做一个好父母首先要做两件事：一是不停地用选择题问孩子，让他们自己选择；二是不管他们选什么，都说好。

我自己就是被这样培养长大的小孩。在我们家，都是孩子做选择，父母无条件地相信孩子。

我 15 岁离开家一个人去台北的时候，没有问爸妈可不可以。

我就说："爸爸，明天我去台北。"

他说："去干吗？"

我说："去画漫画。"

他说："找到工作了吗？"

我说："找到了。"

他说："那就去吧。"

一共 28 个字，我讲 15 个字，他讲 13 个字。我站在他身后讲，他没有回头看我，我也没有走到他身前。我们家就是这样，身为蔡家的小孩，你就是自己的主人，你要做什么你自己决定，父母永远支持，不问为什么。

我对我女儿也是这样，她有时问我为什么，我就说你自己有大脑你要自己决定。我认为如果我替她做决定，她不管怎样都有可能怀疑没有选的那条路会不会更好。

比如，有两个男生追求她，她喜欢 A，我却建议她选

B，那她跟 B 的婚姻无论多好，都会怀疑当初是不是选了 A 会更好。那现在她选择了 A，我就说"好啊，你就选择 A"，她就不会后悔，毕竟是自己选择的嘛，人不能抱怨自己所选择的路嘛。

我从来不干涉女儿，所以她什么话都敢和我说，每一次我女儿交男朋友都会赶快带来给我看，无论是什么类型的都带来给我看。数学考零分的也赶快带来给我看，我就说："哇，好厉害，有这么多是非选择题还可以考零分呢。"

现在我女儿已经出嫁了，有了两个女儿。如果有一天她带两个女儿回来，在我家住几个月，我也不会问她你们是不是离婚了。

虽然我不帮她做选择，但我还是会在其他方面帮助她。我会告诉她，你考 100 次零分、犯 100 万个错误，都不会变更你是我女儿的事实。全世界 70 亿人里最乐意帮助你的那个人就是我，所以你犯了什么错，或有需要我处理的麻烦要第一时间告诉我，我一定不会骂你。即便你突然怀孕了，想拿掉小孩，也要第一时间告诉我，不要因为害怕不敢告诉我而过了那个最佳时机。

这些话我从女儿 3 岁说到她 23 岁，她 23 岁时说她知道了，我就再也不说了。虽然她不太会遇到极端的情况，但我还是希望她对我们给她提供的这个家有安全感。

中国台湾《汉声杂志》的发行人吴美云曾说过："爱你的小孩，就是让小孩到外面敢于冒险奋斗，因为他知道，永远有一个家的爱支持着他。"

本节要点

教育心得： 做一个好父母，只需要做两件事：第一件是不停地问他要做什么，第二件是不管问出的答案是什么，都回答"好"。

教育心得： 关于"家"的意义，台湾《汉声杂志》发行人吴美云讲"爱"就是爱你的小孩，就是让小孩到外面敢于冒险奋斗，因为他知道永远有一个家、一个妈妈的爱在支持着他。

指导不是纠错，而是表扬

也会有人说，父母替孩子决定他们要学什么，可以让孩子正好学到喜欢的东西，我觉得这个说法站不住脚。

我常常会看到一些新闻说，上海很多小孩学小提琴、学笛子、学芭蕾舞，十八般武艺样样精通，但其实真正能学出来的很少。大多数家长都是看到别的孩子学什么，就让自己的孩子学什么。你可以让孩子尝试，但是尝试的时间要短，发现孩子不喜欢就带孩子离开，只需要找到那一个他们最喜欢的。

我是赞同小孩想学什么就让他们去学的。小孩子很爱新鲜，对于不新鲜的事情会很烦。但是一定不要勉强不想学的孩子去学，因为学习是一件非常快乐的事，尤其是学成的快乐。比如我女儿，她大概满 1 岁突然会走路了。一开始，我跟我老婆各拉着她两只手带她走路，走到一半她突然发现不用人家牵自己就可以走了，就不准我们牵她，然后自己很兴奋地走。我们回到家发现，她那个布包鞋都磨破了，两边脚指头都跑出来了。所以，学成的快乐是其他东西没得比的。

女儿两岁半的时候，我就开始问她长大要做什么。她说一定不当漫画家，漫画家每天都坐在书房不出来，也不晓得在干吗，很无聊。

然后我就问："那要当什么家？"

她说："要当设计家。"

那这个时候，这个问题是不能直接放过的，不能让她只停留在设计这件事的表面。我问她："那你要设计什么呢？"

她说："很多啊。"

我就让她设计给我看。她先是设计衣服，但其实也就是画画，画衣服，画各种小物件。这时她会发现设计中有很多很多她以前不知道的东西，而设计的过程让她慢慢学会了这些，所以她再去学的时候就会比别的同学厉害，更有成就感，也更喜欢。

让孩子喜欢学习，享受学习的快乐是很重要的。有时候我会思考，为什么有些孩子长大后就不敢表达、不会画画，甚至不会唱歌了？我觉得就是被指导坏了。就是因为在孩子的学习过程中，家长一直在纠正他们，说他们这样唱不对，要那样唱才对；这样画不对，要那样画才对；这样表达不对，要那样表达才对。小孩会觉得家长的要求他们办不到，就只好退缩，承认自己不会画。

所以指导不是纠错，而是表扬。比如，我希望孩子往西边不往东边，如果他往东边我不鼓掌，他稍微偏离东边我就鼓掌，他往西边我就鼓掌鼓得更大声，这样做就好了。

本节要点

思维盲区：没有父母不希望自己的小孩鹤立鸡群，但又怕他与众不同，便会习惯性地把小孩弄成和别人一样，让他放弃去找他自己的蓝海。

教育心得：小孩子不能学太多东西，如果十八般武艺样样都学，最后能学出来的其实很少。

选择拿手的事情，并做到极致

老师总说努力就会成功，但其实这个是善意的谎言。

努力没有办法让你走到巅峰，但想法可以。当一个人选择自己最拿手、最喜欢的事情，并把它做到极致，是不可能不成功的。

当孩子还小的时候，你就应该去努力发现他们喜欢什么，而不是去逼迫他们学习。

我女儿从小学笛子、学钢琴，有一次礼拜天我要带她去学钢琴，她不太开心。

我就问："怎么了？"

她说："不想去。"

我说："不想去就不要去呀。"

她说："不过妈妈刚缴了 4000 块。"

我说："去他的 4000 块！"然后我就带她去动物园玩了。

当你让小孩子学这学那的时候，其实是可以发现她相对而言更擅长、更喜欢什么。之所以擅长和喜欢，大多都是因为她比别的同学表现好。她如何才能比别的同学表现好呢？其实早一点出发就可以了。

当一个人选择自己最拿手、最喜欢的事情，并把它做到极致，那与之相关的事情自然水到渠成。

宫本武藏曾经是一个村夫，大字也不认识一个，立志要成为日本第一剑客，打败了柳生十兵卫，打败了佐佐木小次郎，打败了全日本的高手，然后他退休还写了《五轮书》这部兵法。

我念书只念到初中二年级，但我却自己学会了日文，也学会了英文。当一个人有需要，他自然会主动去学习。最重要的是要会自我学习，自我学习的关键就是及早拥有自我学习的能力。

尤其在未来，网络和科技都非常成熟，自我学习的能力更加重要。虽然全世界有 70 亿人，但只要你能选好一个领域并且一心朝那个目标努力，就一定能在那个领域达到极致，而且它带来的快乐是非常强大的。比如我画画，当我画画时，我整个人置身其中，进入心流，进入一种不累、不病、不饿、不困、不死的状态，时间就像停滞下来，全宇宙仿佛只剩下我一人，除了听到笔碰到纸的唰唰声以及自己的心跳声之外，感觉不到任何存在，我会觉得生命真是美好。当你一生经历过很多事后会发现，人多有名，其实是不重要的。

成功这件事其实很简单，张继就是个成功的人，虽然已经去世千年之久，但他的"月落乌啼霜满天，江枫渔火对愁眠"，至今还在为姑苏城带来很多文化创意产业的资源。所以在我看来，成功就是你做出来的事情让尽可能多的人长时间获益，这件让别人获益的事上附有你的名字。

这其实不难实现，只要你找到喜欢的事情，并且把它做到极致就好了。

本节要点

教育心得： 当一个人选择自己最拿手的、最喜欢的事情，并把它做到极致，其他相关的自然水到渠成。

教育心得： 小孩子喜欢新鲜的东西，所以可以让他们多学学，但当孩子不想学的时候不要逼迫他们，要保护孩子学习和学成的快乐。

贺岭峰

最悲哀的事，

就是与孩子的关系断裂了

● 贺岭峰，心理学家，博士生导师，教育部心理学教学指导委员会委员。三十余年心理学一线教学研究经验。其家庭因美满和优质的亲子关系，2016年被评为"第一届全国文明家庭"。他从自己心理学的知识背景出发，帮助人们更好地理解家庭教育中容易出现的问题。

这一代的孩子，同时活在两个世界里

今天做父母的人，谁都不知道自己的孩子将来会面对一个什么样的世界，而且那个世界呈现出的状态肯定更适合他们，且更不适合我们。所以教育孩子时，父母用自己的价值观来判断未来是什么样子，其实是特别可怕的事情。

比如，我们那一代生活的世界，所谓教育就是"你要好好学习"，好好学习就能考上好的中学，然后就能考上好的大学，将来就能找到好的工作。这个解释在二十年或者三十年前是有道理的，那个时候只要你好好学习了，毕业就会被分配工作，到了单位就能分到房子，你就可以过上中产以上的生活了。

但现在不是这样了，如果现在的家长还按着这个模式来塑造孩子，这就是一件挺可怕的事情了。

翻开家庭教育史，你会发现，古今中外从来没有一批家长像现在的中国家长这样，在孩子的教育上花费如此多的时间、精力和情感。

我想再过几十年或者上百年，后人撰写中国家庭教育史的时候，回顾20世纪末21世纪初，会说"中国曾经出现过这样一批家长""他们是这样对待他们的孩子的"……我相信那个评价不会是正面的，未来不会有人认为如今的中国家长的做法是对的。

这就很冤枉了，家长们花了那么多心思做这个事，最后却被认为做得不好，那问题到底出在哪里？我想首先是我们今天的社会确实变了。过去农业社会时，几百年社会都没有变化，只有代际的更迭，那么上一代保证比下一代更厉害。后边进入工业社会，机器开动起来，工厂里面人们开始管年长一点儿的人叫师傅。因为机器来了，他们先学会的这个机器的使用方法，他们做这个的时间久、资历老，别人来跟他们学使用机器，那就得管他们叫师傅。

但到了信息化社会，谁年轻谁就更有优势，年长的反而更处于劣势了。为什么呢？因为时代变化的速度加快了，我们这一辈子可能会经历几个不同的时代，这也就意味着必须将旧有的知识不断地剥离，并且去不断地习得新的东西，但是学习新东西的时候你会发现，你原有的知识和经验不是优势了，反倒是阻碍，它会阻碍你去接受新的东西。

我们玩移动终端的设备就玩不过年轻人，这个时候我们反而要向年轻人学习，不学就可能被时代淘汰。现在 80 后、90 后很多都做父母了，这的确是一件比较麻烦的事情。80 后、90 后自己的日子都过得不是很好，不仅是经济的问题，还有心理压力、情绪和亲密关系的问题，所有这些东西都会对子女的教育产生巨大的影响。

而他们在还没有完全安定下来的时候，突然要做一个人的父母了，而且突然发现这个孩子简直就跟外星人一样，跟他们生活在完全不一样的世界里。最典型的特征是，这一代的孩子一生下来就是一个同时活在两个世界里的生命。

我们的孩子，一出生就开始玩手机、玩 iPad，他们的很多快乐、掌握的很多信息都是从这些设备上获得的，所以他们跟 80 后、90 后肯定是很不一样的。我们虽然也用手机、电脑，但这只是现实生活中的一种延伸和补充，而00 后的生活却不一样。

你会看到每个 00 后的孩子背后都藏着另外一个人，另外一个你完全不了解的人。这个孩子在现实生活中可能是特别害羞、内向、听话的，但是你到网上去看一看，没准他是一个霸王，没准他是一个英雄，没准他是一个一呼百应的网红博主。你说哪个是真的他呢？

本节要点

思维盲区： 二十或三十年前，好好读书考上大学就能
分配到工作、房子，过上中产生活，但现
在不是了，如果还用那时候的思路培养孩
子，这就有点可怕。

焦虑问题： 古今中外从来没有一批家长像现在的中国
家长这样，在孩子的教育上面花费如此多
的时间、精力和情感。

焦虑问题： 我们的孩子一生下来就和我们活在两个世
界里，他们出生时就有 iPad，就有智能
手机。

与孩子相处，最重要的是情绪氛围

我们常常会看到，很多孩子从来没谈过恋爱，但是对
情感却有着极其深刻的认识，比如 00 后处理亲密关系的能

力就远远超出我们的想象。他们看问题非常现实，也特别透彻，而且很淡定，处理复杂关系的能力很强。

他们虽然没经历过，却从网上和生活中看到过很多，身边的这种分分合合、起起落落，也都会参与其中。我有时候会跟朋友说："如果你们夫妻闹矛盾了，可以去咨询一下自己的孩子，孩子可能会说：'你们都这么大年纪了，怎么还这么幼稚呢？这么简单的事都想不明白，我给你们出两招告诉你们该怎么办……'他保证能帮你把这个事情摆平。"

很多家长常常觉得自己年纪都这么大了，并且挺有成就的，在孩子的教育方面怎么能听孩子的呢？当然应该听家长自己的！

这样会有什么麻烦呢？由于孩子将来面对的世界跟家长面对的世界不一样，所以只听家长的，可能会让孩子接受到过时的教育。

教育这个事有一个很大的特点，它是站在今天来看将来的。那我们究竟希望自己的孩子长成什么样呢？我想第一件重要的事情就是，他得能健健康康、安安静静地活下去。

"吾愿吾儿愚且鲁，无灾无难到公卿。"他笨一点、傻一点都没关系，能平平安安地把这个日子过下来，才是最重要的。现在有那种新闻，四川工薪阶层的父母培养自己的孩子上了清华，结果怎么样呢？孩子不认父母，写了万言书控诉自己的父母，还 16 年不回家。这有意义吗？我们养育孩子首先得保证，不管我们还在不在这个世界上，我们曾经给他们的教育、给他们的支撑、给他们的爱能让他们在这个世界上挺好地活下去。

而学习对他们来说，只是为了让他们在将来能过上自由而有尊严的生活的工具。我们对孩子所有的不安全感的投射，都源于自己的不安全感，实际上就是对自己没有信心，对自己面对的这个世界没有安全感。我们希望这种不安全感在我们的孩子身上不要延续，所以就会对孩子加强期待。

　　孩子是一个"替罪羊"，只有父母自己找到了安全感，孩子才是安全的，所以父母不要以焦虑的模式来面对这个世界。跟孩子相处时，最重要的是相处过程中的情绪氛围，这直接决定了孩子和你在一起时的情绪体验是怎样的。是紧张的还是放松的，是负面的还是愉悦的，是有成就感的还是没有成就感的，是被看到的还是没有被看到的……

　　我们常常说，家庭是心灵的港湾。如果我们的孩子对这个世界没有绝对安全感的话，那么至少要保证他们在家里面是有安全感的；如果这个世界不能友善地对待我们的孩子，那至少我们父母应该很友善地对待他们，让他们能感受到温暖、感受到亲情。

本节要点

教育心得: 父母常常把自己的负面情绪投射到孩子身上，但实际上，跟孩子相处时，最重要的是情绪氛围。

教育心得: 对学生而言，学习知识、考试升学的目的只有一个，就是保证自己在将来能过上自由而有尊严的生活。

教育女儿时，我最看重的三件事

很多家长会要求孩子去实现自己没能实现的人生理想，但是实际上，每一个个体承载的都是自己的生命。如果我们真的尊重自己的孩子的话，就应该让他们以自己的方式"绽放"。

即便是父母，也没有权利规定一朵花该怎么开放、一棵树该怎么生长。我自己就从来不会要求我的女儿好好学习，我一直跟她说，成绩好不好不是很重要。我女儿小学四年级时拿卷子给我看，说老师要求签字，她不敢给妈妈看，让我帮她签字。我一看，59 分，小学四年级考试只考59 分，我小学考试从来没有考过 90 分以下。

但我跟她说："你知道吗，等将来有一天你长大了，你到公司里面去工作，你的同事和你的老板不会有人在乎你小学四年级的某次考试是考了 59 分还是 95 分。这件事情不重要，真的不重要。"之后我问她，"你们班上考得最好的同学考了多少分？"

她说："考了 100 分。"

我就说："你知道吗，你们班这次考 100 分那个同学，就没必要参加这次考试。因为这次考试，他的什么问题都没被诊断出来，他根本就白参加了。但是你这个收获就大了，你考一次试查出了 41 分的问题，你只要把这 41 分改过来，就是这次考试最大的受益者。你还有 41 分的东西掌握得不扎实，那你改，这样你收获就大了。"

成绩这个事，一分两分的没有那么重要，考不好又能怎么样呢？我的教育观中有其他重要的东西，是什么呢？

第一，做饭很重要。我女儿在幼儿园就会做饭，番茄炒蛋，炒得满厨房都是，但还是很开心。一般小朋友到家里来做客，都是她自己做饭招待，她最喜欢干的，就是做饭给人家吃。为什么我觉得这件事情很重要？因为我觉得这代人命中注定是孤独的，首先我女儿是独生子女，将来等她长大了，等我们都离开了，她肯定是要一个人活在这个世界上的，她需要这种幸福温暖的东西。谈恋爱，结婚，靠谱吗？50% 的离婚率已经说明问题了。我不能寄希望于她靠恋爱和结婚来告别孤独，所以我希望，哪怕将来有一天我们都不在了，她一个人在这个世界上，可以忽然想吃什么了，就起来做一点给自己吃。

之前我女儿到日本念书，很快就发挥优势了。她在日本每天都能吃到自己做的饭，而且做饭这件事情特别有利于人际交往。把她扔到一个陌生的环境中，你会看到，周围绝大多数人都不会做饭，所以她不停地邀请人到家里来吃饭，慢慢地，朋友就多了，做饭成了她建立社会支持系统的重要技能。

第二，独处的快乐很重要。不管有没有人爱她，不管有没有人喜欢她，不管有没有人愿意跟她玩，她自己都可以玩得很开心、很惬意，活得很有质量。实际上，我们可以玩的东西太多了，把自己的日子玩好，有人爱我们我们活得很好，没人爱我们我们也爱自己，这是最基本的。

第三，有自己的爱好很重要。这个爱好不只是爱好，是能够给她带来荣耀感和成就感的一个东西。比如，她喜欢一个东西，玩那个东西，不仅玩的过程中她很开心，而且还能玩出尊严来，她觉得自己玩得比别人好，大家也认为她玩得好。

这三点加在一起，是我在教育女儿时最看重的部分。

本节要点

思维盲区： 有的家长说"我要让孩子替我实现我的愿望"，但每一个个体承载的都是自己的生命。

教育心得： 女儿会做饭这件事让我觉得很重要：第一，这是一个很利于人际交往的技能；第二，她有能力享受独处的快乐；第三，这是一个能给她带来成就感和荣誉感的爱好。

我不支持你的选择，但我支持你

我女儿小的时候喜欢画画，拿到一支笔就开始到处画，家里的墙上、桌子上、板凳上、枕头上，到处都是她画的你看不懂的画。

我现在回过头看，觉得自己做的唯一对的事情，就是没有因此指责她、批评她或者打她。我当时想孩子喜欢画就画吧，反正我们家也没人来。后来我想，她这么喜欢画画，要不给她报一个少年宫的画画班吧。但报了少年宫的画画班后，她上了三堂课就不去了。

那时候孩子小，大人得陪着去。她在里面画，我就在外面趴窗户上看老师怎么教。当时那个老师让小朋友们把本子拿出来，在这个小朋友的本子上画一个五角星，在那个小朋友的本子上画一个圆，在另一个小朋友的本子上画一个正方形……然后让大家用蜡笔把它涂均匀，不许涂出那个框。我女儿几分钟就涂好了，不均匀，外面全都是，然后拿去给老师看。

老师说："你这画的什么东西？我不是跟你说了不许出这个框吗？你里边也涂得不均匀，你要把里面涂细、涂均匀。"

我女儿很不高兴，心想：我是第一个画完的，还不表扬我。

她回到座位仍然不高兴，拿一个红的蜡笔写一个100

分。老师过来说："谁让你自己评100分的？不许自己评分，画成这样还100分。"

我当时就在外面看着，心想算了，不能让女儿学画画了。她将来又不准备做油漆工，干吗非要涂均匀？然后我就带她回家，她自己愿意画点什么就画点什么。

之后，她再也没上过任何的美术班，自己喜欢画点啥就画点啥。到了高二的时候，她成绩也不是很好，考985很困难，所以我就准备送她去日本动漫大学读动漫。日本动漫大学是3月底4月初入学，这意味着她有半年时间没有事情做，我就给她找了个动漫公司去实习。

现在很多孩子都是在大三、大四实习，但她高中就去实习了。我觉得这次实习对她的影响特别大，一个是让她对职业的看法不一样了，一个是让她感受到上班的氛围了。公司里面的人刚开始可能觉得她是高中生，会关照一下，但时间长了就没人在意了，就把她当一个普通员工来对待。公司里面的上下级关系的处理、做事的流程、同事之间的相处，跟我们正常上班是一样的，我觉得去体验一下真的蛮好的。

这份实习还带来了另一个发现。刚开始她进公司就打点杂，人家画画她就勾个线、涂个色，只干这个活儿。然后其他人就发现她画画的方式跟别人不一样，因为她不是正规培训出来的，她是野路子的。大家觉得特别古怪，就喊别人都过来看："你们看她画东西的这个画法。"

大家一看，这个画法很好，比他们原来的那个简洁、方便多了，就开始让我女儿画人。先是画了一个路人甲，后来又画了一个配角吧，久而久之她开始自己带项目，最后她一个人画了两套卡牌的所有人设。

我女儿在专业上是绝对自信的，我回想起这件事情也觉得很神奇，我其实从来没有在画画上帮过她，我做的唯一贡献就是没有阻止她。虽然我到现在为止还反对她从事这个行业，毕竟画画太辛苦了。

我跟她说："你喜欢动漫，现在我们专门把你送到日本学动漫，实际最高水平也就这样了，但我希望你能做更轻松一点的工作。不过如果你坚持要做，我也一定会支持你。我不支持你的选择，但如果你选择了，我会支持你。"

可能正是因为如此，我女儿不止一次地跟别人表达过，遇到我们这样的父母她很幸运，因为她看到很多同学的父母都有过扼杀孩子天赋的行为。

其实，父母要意识到的很重要的一点是：你没有办法为他们的人生承担最后的责任。

我们很多人去干涉孩子的婚姻、干涉孩子的职业，但是最后当孩子遇到困境的时候，是孩子自己去承受这样的结果，不是我们大人去承受这样的结果。既然我们不能为他们承担这个后果，又干吗非要为他们做决定呢？

所以我觉得父母应该更好地过自己的生活，过好自己的生活，才是对孩子最大的支持。

现在的孩子既生活在二次元空间，也生活在三次元空间，他们的成就感，有的来自学校，有的完全来自虚拟空间。如果他们在虚拟空间中能找到成就感也是一件很值得开心的事，但很可惜，很多家长习惯性地把他们的电脑没收，把他们的键盘没收。

如果孩子在哪儿也找不到成就感，那就比较麻烦了。

这一代人和我们那代人完全不一样，互联网是他们的生存特征、生存模式，那是他们的世界。你把那个世界收走了，将来他们在他们要生存的世界就没法活了啊。

我女儿从上小学开始，就可以随便上网，放学回来只要做完作业，就可以无限制地上网打游戏。我还会偷偷给她买点卡，她妈妈都不知道。我当时只有一个考虑，就是我觉得等她将来进入成人世界的时候，这些是她基本的生存方式，不让她上网打游戏、看动漫，会伤害她的人际关系。

人家小朋友都看，看完第二天早上去学校讨论剧情，而你家小孩却在一边跟傻瓜一样，那人家下次聊天就不带你家小孩了，你家小孩连个谈资都没有。那等将来这个孩子长大了，她靠什么活在这个世界上？

我们这代就很简单，只要我们学习好，我们就什么都会有。只要考上好大学就有好工作，有好的工作就会有好的生活，然后房子、车子等什么都会有了。但现在这代人的世界，不再只靠学习成绩解决所有问题了。每代人有每代人的活法，我们要帮助孩子，让他们活在自己的时代。

本节要点

教育心得：我女儿高中就去实习了，体验了职场后才进入大学。

教育心得：很多人会干涉孩子的婚姻和职业，但当孩子遇到困境的时候，是孩子自己去承受这样的结果。既然我们不能为他们承担，干吗要为他们做决定呢？父母过好自己的生活，才是对孩子最大的支持。

思维盲区：孩子接触互联网不一定是坏事，这是这一代人的生存特征，是他们的生存模式，这是他们的世界。

教育趋势：父母不能只关注孩子的学习问题，更应该把注意力放在亲子关系上，和孩子维持正常的亲子关系，才能对孩子有正确的影响力。

亲子之爱的主要目的是分离

在这个时代，父母应该第一重视的是亲子关系。只要家长能跟孩子保持正常的亲子关系，那家长对孩子就有影响力，所以我觉得，做父母的第一件事情就是跟自己的孩子保持好的关系。

有一次我女儿的数学老师打来电话，问你是那个谁谁家长吗？赶紧到学校来一趟。我就赶紧请假往学校赶，一路上内心很忐忑，到了学校之后，老师上来就凶："你们家长是不是觉得生完孩子就没啥事了？教育孩子的事可以全部推给我们学校的老师了？"

我说："不是，我们家长有责任把自己的孩子教育好。"

老师就说："那我们现在要求孩子写完作业以后家长检查签字，你们家谁签字？"

我说："我签字。"

"我知道你签字，所以让你过来的，你签字之前你检查吗？"

我说："我检查啊。"

"检查什么检查？你知道吗？你孩子同一道数学题已经错第四遍了，你怎么做家长的……"

被人家狂训了一通，训完了出来我心情很不爽。过一会儿孩子放学了，到家先吃饭。我因为心里不高兴，谁也不理，一个人埋头吃饭。我女儿就偷偷看我，看我我也不理她。她就憋不住了，问我："老爸，今天下午我们数学老师是不是把你叫到学校去了？"

我说："是。"

"他跟你说什么了？"

我说："他说你最近一段时间的考试，数学的卷面明显比以前整洁多了，老师通过这件事情看出你现在学数学的态度比以前更加端正、认真了，就是希望你以后在做题的时候要认真审题……"

我没有把老师训我的那一套再拿来训我女儿，因为我想了一下，数学老师为什么训我？因为他心情不好。小学数学就那点东西，没什么复杂的，他一直认为自己是个很优秀的数学老师，直到遇见了我女儿，那么简单的题教四遍她都不会，自尊心受到了强烈打击。所以这到底是老师的问题还是我的问题？

老师肯定已经把我女儿训了好几次了，训完了以后这道题她还做错，要崩溃了，就又把我喊去训了一通。我也不知道他训完我之后是更开心了，还是更不开心，总之我是不开心了。如果我回家再把女儿训一通，那我跟那个数学老师就没什么区别了。

我想，一个人有什么资格让另外一个人管自己叫爸爸或妈妈？你总得替人扛一点东西，承担一点儿痛苦才行。如果人家老师训你一下，回头你就把孩子再训一下，那你还是亲爸妈吗？

所以有些东西，比如，老师的负面情绪，是做父母的应该承受的，父母的问题由父母自己来消化，不要把它转到孩子身上。最重要的一点，我跟我女儿的关系不能因为一个外人说了两句坏话就被破坏了。我要做的最重要的事情，就是跟我的女儿保持好关系，绝对不做第二个班主任，不做班主任在家庭中的代理人，我也绝不做家庭教师，那都不是我应该干的活儿。

跟孩子保持正常的关系，让他们有一个良好的体验，家长对孩子的影响就会持续存在，孩子的生活就会随时对父母敞开着。

最悲哀的事情就是，父母和孩子的关系断裂了，孩子的什么事父母都不知道了，他们花很多时间骗父母、对付父母，父母说的话他们也根本不听。这就比较可怕了，这就意味着父母完全失去了帮助孩子、对孩子产生影响的机会。有多少家庭，为了那一道数学题，为了那一张卷子而关系破裂。破裂的关系是不可修复的，因为父母跟孩子相处的时间只有那么点，父母对孩子产生的影响将越来越微不足道。

我们做这一行，看到过太多的伤心案例。我现在还有一个客户，跟自己的女儿关系僵硬。小女孩是 2000 年生的，马上要去美国读书了。他父亲从另外一个城市给我打电话，说："贺老师，我女儿下周要到你那儿去，我建议你问一下她，对下一步的升学她有什么考虑，她想学哪一个专业和方向，这样我们好提前做一点准备。"然后千叮咛万嘱咐地说不要说是他问的。

我说："没问题。"但是放下电话，我内心涌起那种特别悲哀的感觉。问一问孩子的升学打算是特别正常的事情，爸爸和女儿之间，没有比这更正常的交流了，但是他们家连这样的交流都没法进行了，必须通过第三者才行。

当留学中介要给孩子写个人简历、推荐信而来收集孩子的信息时，他爸说"我也不太了解我的孩子，上海有个贺老师，他比较了解我的孩子，要不你给他打个电话问问什么情况吧"，你就知道，很多事情伤害的是那个家庭最根本的东西。

做父母，其实没有多麻烦，很多父母是完全想多了。当爹就好好当爹，当妈就好好当妈。我们演好父亲和母亲的角色，不要去拔苗助长，不要让孩子长成我们心中那样的人，而是给他们提供一个平台和机会，让他们长成他们自己想长成的人。

我们今天教会孩子的所有的东西，可能明天就过时没用了。唯一不变的是能力，不管把他们放到什么样的情境中，他们都能在那个情境中活下来，并迅速建立社会支持系统，并获得在这个系统里活得很开心的能力。

这个世界上，所有的爱都是为了促进关系的亲密和融合，只有亲子之爱不是，亲子之爱的主要目的是分离：我们爱他，是为了离开他。

希望有一天我们不在孩子身边的时候，甚至当我们离开这个世界的时候，我们曾经给孩子提供的那种爱和支持能够让他们活得更好、活得更成功、活得更幸福，这才是我们应该做的。

本节要点

教育心得： 你能跟孩子保持正常的亲子关系，你对他就有影响力；如果不能，那你对他就不再有影响力了。

教育心得： 不要因为外界的事情，比如做数学题、考试成绩，破坏你和你孩子的亲子关系，有时候你需要帮孩子承担一点外界的压力。

教育心得： 我们需要给孩子提供一个平台和机会，让他们长成他们自己想长成的人。

教育心得： 世界上所有的爱都是为了促进关系的亲密和融合，只有亲子之爱不是，亲子之爱的主要目的是分离。希望有一天我们不在孩子身边的时候，我们曾经给孩子提供的那种爱和支持能够让他们活得更好、更成功。

李一诺

> **被焦虑驱动的中国家长，**
>
> **出路在何方？**

● 李一诺，一土教育联合创始人，前比尔·盖茨基金会中国区首席代表，前麦肯锡全球董事合伙人，罗德奖学金中国区终选评委（2015—2019），美国加州大学洛杉矶分校分子生物博士，2016年世界经济论坛"世界青年领袖"。李一诺为了孩子能够接受传统文化的教育回到国内，为了孩子能够接受更好的教育而创立一土学校。她重视教育本质，关注孩子的健康成长。

教育变成了一种功利的体验

2016 年我因为一些原因选择回国，当时孩子需要上学，我就给孩子选择学校，择校过程中越来越焦虑。

那时我写了一篇文章谈这件事情，引起了朋友圈中很多人的共鸣。后来我就思考，既然大家都对眼前的教育感到焦虑，那我为什么不做点什么呢？

那时是无知者无畏。我从没做过教育，专业、职业经历也都和教育没有任何关系，唯一相关的就是我有三个孩子。在硅谷时，我把三个孩子送去当地的创新学校，这类学校都是小微型的学校。但是在硅谷整体的教育框架里，中国文化这一块是非常缺乏的，我没有移民，主要是希望孩子能够对中国文化有更深刻的理解。于是我就思考，为什么不能在中国办一所这样的创新型的学校呢？然后我就开始做起来，但这件事其实非常难，而且越做越难。尤其是我还没有教育行业背景，很多教育行业从业者觉得很正常的事，对我来说却有点困难，但我很幸运，得到了很多人的支持。我们有一位创校老师是哈佛教育学的硕士，他毕业时已经拿到了美国的 H-1B 签证（工作签证），一次他在朋友圈看到我的那篇文章，打了个电话给我，之后就来加入我们了。

很多创校前期加入的人都是这样，只是相信这个教育理念和我个人的信誉就来了。后来我也发现，虽然我们的教育理念和现在主流的教育体制存在偏差，但还是能得到大多数人的认可。

其实，我们的教育理念并非固定不变，它经历了几次迭代，但我们的初心始终没变。

我曾任职于世界 500 强之一的麦肯锡公司，当我在麦肯锡公司负责招聘工作时，我就意识到了学校教育存在的问题。麦肯锡跟国内的很多公司不一样，它并非由人力资源部门进行招聘，而是由业务主管负责招聘需要的人才。我当时做到了业务主管，在招聘二十多岁的大学毕业生时发现了三个问题。

第一是显性在表面的问题。学校教的东西和社会的需求非常脱节，大量在工作中需要用到的技能学校是没有教的。

第二个问题比较严重，就是大多数年轻人在毕业时很迷茫，明明是在精英教育下成长起来的孩子，却不知道自己将来想做什么。

第三则是更深层次的、自我认知的问题。很多教育学者也讲过"使人自由，使人成为人，使人成为他自己"，但大量学生毕业的时候，并不知道自己是谁。教育变得非常工具化、功用化，很多人受教育是为了一个文凭，获得文凭是为了学会一项专业技能，学会专业技能是为了一份工作，这都是很表面的东西。

对自我意识的探究，是人一生的课题，从幼儿时期就应该开始，而不是先把知识学会了，等到了社会上才知道自己是谁。这就像心理学里的冰山理论，其实人最重要的、长时间的生活动力是"我是谁"，这是冰山下面的东西，而我们平时看到的可以衡量的都是冰山上面的东西。

从这些问题出发就会发现，我们的教育一直在做大量的冰山上面的事情。原因很简单，因为冰山上面的东西，比如，知识和技能，都是可测的。如果我们只去关注冰山上面的东西而忽视冰山下面的东西，最终会发现，很多很优秀的孩子虽然学会了各种技能、拥有了各种各样的证书，但高兴不起来，他们不知道自己想做什么。

这是我当时作为一个外行意识到的问题，所以我做教育的初心是培养内心充盈的孩子。人的成长是不可逆的，一旦失误了就需要很长时间补救，这个补救的过程是很难且很痛苦的，而我们过往的教育中经常忽视冰山下面的东西，就容易导致这种失误。

在做教育的过程中，我们曾面临很多挑战，第一个挑战是国内缺乏对微型学校的支持，大量政策上的要求是关于硬件的要求，所以更主流的教育趋势是办大班、大校——搞一个几百亩的地方，招几千人，这种学校在国内才是符合政策要求的。

我们 2017 年开始做云南冬令营，与中国农业大学李小云教授的河边村扶贫项目合作，支持教育的可持续发展。河边村是云南西双版纳境内靠近滇缅边境的一个村子，曾经是国家级贫困村。村里大概有五六十个孩子，他们自己造学区，保留当地文化，并帮附近的农户改造家里的房屋，有的房屋被改造成对外租赁的瑶族客房，从而吸引外面的人来。在这个村子里，所有大人、小孩都互相认识，整个村子就相当于一个微型的社区，让人十分自在和放松，这是非常符合人性的一种养孩子的方式。

　　第二个挑战是这个时代的挑战，家长和老师都普遍焦虑。其实焦虑本身并没有错，每个人都会愤怒、焦虑，这些都是正常的情绪，但是如果这种情绪把教育绑架了，那就成问题了。王甘老师讲的一句话特别好："我不知道什么是好的教育，但我知道什么是不好的教育。不好的教育就是每个阶段都在为下一个阶段做准备的教育。"幼儿园时就在为幼升小做准备，小学时就在为小升初做准备，之后为中考、高考做准备，接下来就是为就业做准备，然后干什么？不知道。

　　人是多元的，我有三个孩子，每个孩子都很不一样，怎么可能被用一种模子做成一样的？但现在这是一种主流的心态，校外机构、教育投资人做的事情都是在加剧这种标准化的趋势。

　　现在的教育关注学习，却常常忽视内在规律，强行关注意义，我们常常给教育附加一个意义，而这个意义是非常功利的。比如，我们会对孩子说，要是不学习就会变成扫大街的，类似这样充满歧视、不合时宜的标签总是在教育中出现。这样下去小朋友其实挺不容易的，他们反而更容易产生无意义感，孩子的迷茫时期也会来得越来越早。

有一天我问我们家老二："你长大以后想干什么？"

5 岁多的他说："妈妈，我长大想做一个普通人。"

我觉得挺好的，问他："普通人是什么人？"

他说："普通人就是有一份工作的人。"

我继续问："什么样的工作？"

他说："像妈妈您这样的工作。"

我说："好！"

他其实对普通人没什么概念，这段对话反映了一个小孩的很正常的想法，而在我们主流的教育观里这就很不好——怎么能成为一个普通人呢？你得成为所谓的精英。

当我们把孩子当成精英来培养，其实忽视了他们作为生命个体对学习意义的探究，一些特别宏大、深奥的话题也就容易被忽视。把整个教育体验变成一种特别功利的体验，这是很多家长以及教育工作者的问题。

我们的教育应该帮助孩子在很小的时候就明白，"我是谁，我擅长什么，我能做什么"。

在一土学校，我们有一个整学期开授的课程，叫"Who am I"。课程内容涉及很多方面，包括了解自己的身体、了解健康食物、了解自己的家人等，都是很细微的事情，但是对孩子日后的情绪认知或意义探寻都有着重要的意义。

本节要点

焦虑问题：学校学到的很多东西和社会脱节。

焦虑问题：毕业生毕业时迷茫，因为没有在学校里思考好"我是谁""我想做什么"的问题。深层意识上，教育没有做到让人成为他自己。

焦虑问题：很多家长的焦虑在于，觉得现有的教育机制有问题，但是又无法改变。

思维盲区：很多人受教育是为了一纸文凭，获得文凭是为了学会一项专业技能，学会专业技能是为了一份工作，这都是蛮表面的东西。

思维盲区：这就像心理学中的冰山理论，探讨"我是谁"这种问题是冰山下面的东西，我们平时看到的可以衡量的都是冰山上面的东西，而我们的教育，花了大量的时间和精力去做冰山上面的事情。

思维盲区：我们现在受到的教育，每一步都在为下一步做准备。 幼儿园时就在为幼升小做准备，小学时就在为小升初做准备，之后为中考、高考做准备，接下来就是为就业做准备，然后干什么？不知道。

教育趋势：现在国内对微校的支持是不存在的，虽然国际上的教育趋势是小班小校，但国内教育的主流趋势是大班大校 —— 搞一个几百亩的地方，招几千人。

每个家长都应该打开视野

有些家长会抱怨，上海没有一土学校、成都没有一土学校……我的孩子要去哪里学习？

其实教育没这么复杂，你有意向，就可以投入进来，能做多少就做多少就好了。很多家长有这样的需求，那就可以组个团，整合大家的资源，干点其他事情。比如，你是一个导演，就可以带孩子去拍一个片子，以后孩子申请学校的话这个就可以加很多分。

实际上，人对人的评判是非常多元的，因为我们现在的体系相对封闭，才造成了这个专业的人才干这个专业的事，其实不是这样的。就像我们的冬令营河边村项目，我们本来是去扶贫的，跟教育没什么关系，前期去的人都是扶贫专家、学者。我去之前说："既然村子里有孩子，为什么不搞孩子的活动？"于是我们就带着孩子去了。当地有一栋木楼是儿童活动中心，我们后来让孩子参与设计了儿童活动中心的一个阅读室，这对孩子来说是一次成长的机会。

我们是跟当地的农村孩子一块儿设计的，当时农村孩子说需要一个黑板，家长就说："城市阅读室里从来没有黑板，为什么要有一个黑板？"那个农村孩子之所以会有这个建议，是因为学校条件差，阅读室有黑板的话，就可以在上面写一些其他小朋友不认识的字让他们认识。这就很有意思，你在这个过程中会打开很多的固有思维，我们成人想象的阅读室是有书、有沙发、有靠垫的，但小孩想的就不一样。

一旦打开思路，每个人都可以成为教育资源。哪怕你是做会计的，也可以成为教育资源。人脑里面有很多固化的墙，当我们把自己脑子里的这些"墙"拿掉，就可以打开很大的视野。

家长不应该把教育变成一件割裂的事，不应该把生活和孩子的教育割裂开。我们的生活和孩子的教育可以是一回事。从以恐惧和焦虑为驱动的教育转变为以爱为驱动的教育，会使你内心发生很大的转变。

你教育孩子的出发点是什么？是让他们以后给你创造财富，还是希望他们成为他们自己？家长内心的不同变化可以构建家里不同的场域。

我有一个好朋友，他孩子 10 岁时得了癌症。这是让人悲伤的一件事情，孩子患病至今已经三年了。这三年孩子过了一段很平静的生活，治疗、在学校里面上课。我的朋友说："要是早知道我的孩子是这种情况，我早先对他就不会有很多奢求。"

有时候我也想，孩子出生后，学会爬了、学会坐了、学会自己吃饭了，作为父母我们都曾特别欣慰，那时候真的只是出于单纯的爱呀。

我曾在孕期时想，只要他是一个健康的孩子，我就觉得很幸福。但孩子出生后，随着他越长越大，我的期望也越来越高，从惊喜于他小时候的进步，变成挑他各种各样的毛病。其实，当我们回到孩子刚出生时候的心态 —— 对生命向往、对生命的无限可能性惊喜、对孩子的任何一个小进步欢喜，我们就能以其他方式来看待教育。

如果你知道你的孩子只有 15 年光阴，你还会用现在的方式对待他吗？我们的脑中有很多假设，假设孩子能平安地度过一生，但很多时候现实真的不是这样的。如果不是这样的话，你会用跟现在不同的教育方式对待孩子吗？这不是说要放低对孩子的要求，而是让自己的心态有所改变。

本节要点

焦虑问题： 父母总希望给孩子最好的，但是最好的东西经常在改变，所以父母也焦虑。

教育趋势： 家长也需要上课，中国孩子的问题，基本上都是家长的问题。

思维盲区： 很多父母考虑的问题仍然是求存，而不是快乐，但快乐是很重要的。

思维盲区： 教育也可以是幸福的，人生的每个阶段都应该是幸福的，不能说你现在这么做就为了自己以后幸福。如果这样，你永远都不知道自己什么时候可以开心。

教师是教育行业的核心资产

如果把教育想象成一个同心圆，圆心就是孩子，孩子周围是老师，再往外是学校运营，之后是家长，最外面就是更大的世界了。

在讲到整个教育生态和教育公平时，我都会提到"同心圆"。我们在学校里面做大量关于孩子的工作，但如何能够更系统、有效地支持教师职业发展，也是教育中非常核心的问题。哪怕简单地从商业角度考虑，教育里如果只有一个核心资产，那肯定是老师。教育硬件虽然很难获得、很复杂，但并不是核心，总可以找到其他替代，硬件差一点有时也没有关系，老师和孩子构建的成长环境却是非常重要的。我考察了芬兰的教育后发现，好的教育体系都有特别好的从教师选拔到教师培养的一整套流程。

我们国家的教育情况跟芬兰又非常不一样，在这个过程中，如何提供一些有可能性的但现有教育体系里面并不存在的教育工具和内容，这是当时我们面临的主要问题。

我们后来把自己实践的东西总结出来，希望能提供全面赋能教师职业成长的体系。我们的想法用英文讲就是"teachers as leaders"。其实每个老师都是一个领导者，这个领导者概念在私营企业是非常常见的，我在麦肯锡工作时经过各种各样的培训，包括企业领导力培训。人们通常会觉得这种培训是在企业里面的，和老师及教育场域不相关。

但如果你用第一性原理来讨论，那老师就是最典型的领导者。一个老师带着几十个孩子，不仅要教授知识，还要让大家喜欢他、愿意追随他，他还要做各种各样的事，要能够激发孩子的兴趣。当每个孩子有问题的时候，他要像一个导师、教练一样，跟孩子对话。事实上，教师职业的要求是极复杂和全面的。

那时我准备创立一土学校的想法很简单，把企业里与领导力相关的培训内容跟教育相结合，并提供给老师，让老师不仅能教好课程，还能成为一个很好的引导者、教练和组织者，并且在遇到复杂问题的时候，能够成为解决问题的人。

其实老师是一个非常容易焦虑的群体，我们对老师要求非常高，却常常忽略了老师这个职业本身的复杂性。我们现在很多主流的教师培训都是相对单向的，集中在"术"的层面。我们可以用类似企业里的互动式和体验式的培训，让老师知道用什么方式在教室里教学更有效。

本节要点

教育心得： 如果把教育想象成一个同心圆，圆心就是孩子，孩子周围是老师，再往外是学校运营，之后是家长，最外面就是更大的世界了，而教育需要整个同心圆的共同努力。

教育心得： 老师都非常需要支持，其实他们很想做好，但是却又受限于各种条件和要求。

教育心得： 教育从业者应该从疲惫的服务提供者变成有充分职业修养的创造者；父母应该从焦虑的服务购买者变成一个终生学习的童心者。

教育应该是一个社区行为

现在谈到教育，家长普遍有一种委托心态 —— 只需要找人帮忙把孩子教育好就行。

一土学校的"家长学校社区"每周有一次家长面对面、邀请老师来做分享的直播。我们会积聚学校的资源，通过直播的方式，分享先进的教学理念和方法。另外，一土学校一直有线下的家长工作坊。我们学校的核心理念是，只有家长改变了对教育的看法，才能真正对孩子的教育起到正向的作用。

还有一点，在中国，有个普遍现象，那就是爸爸在孩子的教育中是比较缺位的。但其实，教育是一个全社会都不得不参与的事情，教育应该是一个社区行为。

我觉得这也是目前中国社会存在的问题，我们的核心家庭越来越小，家庭和家庭之间很容易成为竞争关系，而不像以前村子里的亲戚、邻里那样，这种疏离的社区氛围对孩子社会性的发展是无益的。

我们提倡三点：第一，以学生为中心的课程；第二，以教师为中心的学校；第三，以学校为中心的社区。我们希望一土学校给人"大家庭"的感觉，虽然不是真的住在一个地方，但大家至少在心态上有这种感受。所以我们总把一土的家长群叫作"一土村儿"，意思是举全村之力养育我们的孩子。

我一直不太同意"教育行业是服务业"的说法，这是典型服务机构的说法——"我收了钱，把你的孩子照顾好，再交还给你"。我觉得这是不对的，我一直说我们不是服务行业。我认为教育是一种社区行为，大家之所以参与，并不是仅仅只觉得自己有义务，而是希望创造对孩子更好的环境。

现在我越来越意识到，任何一个学校，不管它是什么体系、表面上讲什么课程，如果把所有的标签拿掉，最重要的、对孩子影响最大的东西，那就是成人之间的气场。

我记得我们五六岁的时候，对老师的喜好门儿清，哪个老师喜欢谁、哪个老师讨厌谁，我们都知道。现在我们长大了，怎么会认为孩子都很傻，只有我们大人很聪明呢？你不可能在勾心斗角的成人关系中，来培养内心丰盈的孩子。

所以在做了所有这些事情之后，我们最终想做的，也是一直在做的，就是构建成人之间的关系，包括师生关系、家校关系，甚至学校与社会的关系。这些关系一旦成立，学生学习就是自然而然的事情。孩子接受新知识的能力非常强，他们并不仅仅局限在课堂的 45 分钟里，记住老师敲黑板、划重点的话。可能老师划的重点越多，他们越不想看。

我曾提过中国教育的两大核心问题：第一个是"焦虑驱动"；第二个是"体系封闭"。

"焦虑驱动"刚才讲过，"体系封闭"问题也是很严重的，越是中小学，体系越封闭。我们现在做的很多教育创新都是针对高等教育，高等教育越来越开放，因为即使不开放，别人也能找得到，因此不得不开放。

本节要点

焦虑问题： 中国教育的两大核心问题：一个是"焦虑驱动"，一个是"体系封闭"。

教育心得： 一土学校有自己的评价体系，所有的评价都和育人目标相关。

丢掉传统文化是件很可惜的事

有人问我理想中的学校是什么样的。

当时因为要给孩子选学校，我才意识到教育生态体系里面存在很多问题，所以我希望通过自己的行动，做一些能够改善当下教育生态的事情。

虽然过去 18 年时间里，我有一半时间在美国，一半时间在中国，但我还是非常希望我的孩子长大了可以理解、欣赏中国自己的文化。把自己的文化丢掉是非常可惜的，在这个基础上有国际视野，理解咱们共同生活的世界，也是非常重要的。这是我当时选学校的主要需求，然而我发现，能把这两点结合好的学校很少，有一些所谓的国际学校，具备国际视野，却把中国孩子当外国孩子培养。我不希望我的孩子是这样的，虽然英文很重要，但我不觉得学习英文的代价要是这些。

在一土学校的教室里，你可以看到我们对中国传统文化的教育是无处不在的，我们希望我们能以孩子愿意接受的方式，而不是很教条地去教给孩子如何学习和欣赏中国文化，因此孩子对中文的兴趣很高。咱们中国有几千年灿烂的文化，很多精英的孩子却从一开始就放弃了它，这是一件多么可惜的事。所以我希望能够找到一个结合点，让孩子既能把自己的东西学好，又能够理解这个社会和这个广阔的世界。

本节要点

焦虑问题：中西方教育虽好，但中国拥有几千年的灿烂文化，却不能给精英小孩提供具有自己文化特色的教育，是非常可惜的。

（本文根据 2018 年对李一诺的采访整理而成）

赖念华
：

"不被评价地玩，

孩子的创造力会越来越高 ""

● 赖念华，教育家，中国台湾台北教育大学心理与咨商系教授及系
主任，国际傅尔布莱特学术交流基金会资深学者，日本立命馆大学访
问教授，美国 ABE 认证之心理剧导演与训练师。 赖念华关注表达性
艺术治疗，关注孩子创造力的培养。

创造性越高，心理发展越健康

我现在从事的表达性艺术治疗，就是通过绘画、音乐、演戏，甚至动作、身体雕塑、舞蹈等有别于纯粹语言的沟通方式，来跟人产生互动。语言是最容易骗人的，而在非语言的沟通方式中，人们往往会把自己最原始的部分展露出来，于是我们就可以知道如何帮助别人解决生活中的困难。

所有孩子都有一个特质：他们会以自己独特的方式进行表达。例如，大一点的孩子，可能会在涂鸦的时候说"妈妈，我今天画的是您"，然后明天可能画了个和今天一样的圈，却跑过来说"妈妈，我今天画的是奶奶"或者"妈妈，我今天画的是爸爸"。对他来说，其实他是在用自己的方式传递心中想传递的信念跟感受，这是人类与生俱来的能力。

我们通常会这样鼓励父母："你不需要知道他现在画的是什么，只需要全心全意地跟孩子玩。透过玩，透过互动，孩子的创造性就会越来越高。"

当一个孩子的创造性越高，他的心理发展就越健康，因为他不会总是固着在某一个点上。当一个人一直固着在某一个点上，就会出现困扰。健康的心理一定是更流动、更有创造性和自发性的，只有这样，孩子的生活才会更丰富、更多元。

本节要点

教育心得：不被评价地玩，孩子的创造力会越来越高。

教育心得：非语言的表达性艺术治疗有助于孩子的表达和成长。你可以通过表演、画画、唱歌等行为和孩子玩。通过玩，孩子的创造性会越 来越高。

容许孩子选择自己的路

现在的家长都很焦虑，因为这个社会文化里有一个很清楚的认知：我们唯有念书才可以改变人生。不管哪个行业的父母，都希望自己的孩子好好念书，学业成绩表现要好，也就是语文、数学、社会学科、自然学科的成绩要好。除此以外的都不那么重要。

为什么家长会觉得这些学科重要？因为它们跟升学有关，是升学引导了家长教育孩子的方向。其实，每个孩子的特质都不一样。有的孩子艺术性很高，一个艺术性很高的孩子，在其他学科（诸如理科）的表现上，可能就不会那么好，这个孩子可能空间概念很好，但逻辑思维就没那么强。可是，当我们的社会有"唯有念书才可以改变人生"这个认知的时候，我们就会一直用这个认知来衡量一个孩子的能力。这时，这个孩子可能就会觉得，自己是被这个社会淘汰的人。

可想想看，如果我们的社会中，所有人都只会读书，那该是多可怕。如果社会中，没有会摄影、会艺术、会剪辑、会音乐的人，那么这个社会就是不完整的，是有缺陷的。

一个人的价值是跟这个社会相关的。我常常想，世界上那些很杰出的人，比如比尔·盖茨、乔布斯，当他们念大学的时候，被退学或者没有办法继续念书的时候，他们一定被周围的人指指点点，他们的父母也一定很焦虑。可今天他们成功了，这些故事就被赞扬。

如果我今天看到一个孩子，他的才能跟现在社会的认知不一样，我会允许他、欣赏他、肯定他，然后我愿意帮他把这个不一样的部分展露出来，这样一来，他的潜能就会得到发挥，那我们的世界就会有很多的比尔·盖茨和乔布斯了。

本节要点

焦虑问题： 国内家长普遍都焦虑，因为学习成绩很重要。 小孩子是多方面的，社会却总用一把特别窄的尺子去衡量他们。

焦虑问题： 所有的家长都会有这样的焦虑 —— 我的孩子怎么可以跟这个社会不一样。

教育心得： 如果一个孩子的才能跟社会的认知不一样，我会允许他、欣赏他、肯定他，愿意帮他把这个不一样的部分展露出来，这样一来，他的潜能就会得到发挥。

思维盲区： 万般皆下品，惟有读书高。 任何行业的家长都希望孩子好好读书，因为这和升学有关，所以艺术性很高的孩子，在这样的标准下就会觉得自己是个不好的孩子。

帮助孩子发挥自身价值

只有制度改变了，我们才能更快地进步。但是这个制度不会在短时间内就改变，所以重要的是，如果这个世界所有人都不接纳你的孩子，作为孩子的父母，至少你应该接纳他，因为你是把他带来这个世界的人。这是我们能做的第一步。

第二步，当你的孩子在跟这个社会互动的过程中受到了挫折，你需要鼓励他。在孩子受挫时，作为父母，应该帮助孩子认识到自身的不足，但同时也应该鼓励、帮助孩子分析他们更适合做什么、更适合学习什么。

但这并不意味着不让孩子跟这个社会互动，也不意味着不让孩子看到社会的真实面，他们仍然需要接触社会，因为他们需要在这个社会存活。最关键的是，孩子在适应社会的过程中，父母有没有支持他、鼓励他。看见别人所看不见的，发觉孩子没发觉的，对孩子来说，这才是最有力的支持。我相信，这才是送给孩子最好的礼物。

我们的鼓励会让孩子更自信，我们应该找到孩子生命中的亮点，哪些是他们比较容易发挥的，那我们就从这个地方开始。

但是记住，孩子并非处在一个"保险箱"里，我们应该让他们有机会接触到真实的社会。在这个接触的历程中，他们会懂得如何自处，从而看到自己的价值，与此同时，还能看到别人的价值，这样才公平。

本节要点

教育心得： 现有的制度应该改变，但不会一天就改变。如果你的孩子不被这个世界的标准所接纳，那你更要接纳他，因为你是把他带来这个世界的人。

教育心得： 要让孩子适应真实的社会。

教育心得： 教育应该是一个社区行为，从前的邻里关系对孩子的社会性发展是非常有益的，但现在我们的核心家庭越来越小，家庭与家庭之间都是竞争关系。

教育心得： 教育最需要帮孩子解决的问题是，"我是谁"和"我要过什么样的生活"。

接纳，欣赏，发现，鼓励

现在很多父母会帮助孩子发现他们喜欢什么、擅长什么，这很好，这会让自己的孩子有机会尝试各种不同的东西。可是，通常孩子尝试完后，下一个阶段父母会做得很糟。一旦他们发现自己的孩子在某方面做得不是很好，他们就会很泄气、很愤怒 —— 父母总是很难相信自己的孩子没有天分。父母为孩子提供素材、提供环境、提供一个学习的空间，让孩子不断尝试，实在是用心良苦。当他们为此投入了金钱与精力，就更难轻易放弃了。

况且，很多父母都相信一件事情：勤能补拙。但是，如果每件事情都勤能补拙的话，孩子就太辛苦了。所以我会鼓励父母，提供孩子学习的空间、探索的机会，这非常好，但是我们要学会停止，如果这个学科真的不是孩子喜欢的，我们可以让孩子暂停；如果这个东西真的是孩子喜欢的，他一定会再跟它相遇。

现在的父母大多很恐慌：害怕孩子输在起跑线上。他们什么都想给孩子，唯恐慢了一点、少了一点。

可是，每个孩子的体质都不一样：有的孩子是早产儿，你给他再好的东西他现在也吃不了；有的孩子体质好，你喂他什么东西他都可以吃，可是有那么一天你会发现，喂他吃太多，他会长胖、会不健康。而有些东西，早产儿虽然现在吃不了，但不代表以后吃不了，他以后也会长得很好的。父母常常把自己的焦虑投注到孩子身上，甚至把自己这一生没有做到的事情都放在孩子的身上，期待孩子来替他们完成。我们可以想象，孩子会有多辛苦。

为什么我们这一代父母会这么焦虑？其实是因为我们的上一代是匮乏的，所以当我们拥有的时候，我们就觉得应该给孩子更多。我们总以为，因为我们没有，所以我们的孩子也没有。而对这一代孩子来说，他们不会觉得匮乏，只会觉得拥有太多了。

每个时代都在改变，我们不要用自己的经验去内化或者推测。因为过去我们没有，所以现在就不断地给孩子，这其实不一定是孩子需要的。我们需要用一个更开放、更好奇的眼光去发现，什么是孩子真正需要、真正适合的。孩子真正需要、真正适合的，才是父母该投资的部分。

中国父母总觉得，从哪里跌倒就要从哪里站起来。但现在有人鼓励，如果跌倒，我们就换一个地方一样可以站起来，为什么要把人生变得那么痛苦？找到孩子擅长的，孩子一样可以"站"起来，这样对孩子来说就容易多了。

一个孩子喜欢、擅长的东西，一定是跟他的成长环境有关的。所以有时候我会鼓励父母："我们要给孩子创造一个良好的环境，因为环境会影响他，让他有机会接触世界，他才可能理解世界，才有机会发展。"

比如，有些孩子很喜欢画画，像我小时候就喜欢画画，于是我的父亲就每个礼拜带我坐车，然后又走路，大概花两个多小时才到一个教画画的地方。我父亲给我提供了这个环境，所以在我整个成长的过程中，我最感谢的是我的父亲。

我绝对不是最优秀、最棒的孩子，但是我的父亲从来不指责我，从来没有打过我、骂过我，他总是告诉我："我希望你可以自己想一想，觉得怎么做才会更好。"他对我没有太多的期待，只是不断地告诉我："你一定要记住，做你最想做的，只要你觉得做这个很快乐，那这就是你一生的事业。"

我本来学的美术，后来转到心理学，不是因为我喜欢心理学，只是因为我想换一个行业。我从小到大，其实不知道自己最想要的是什么，可是我一直都知道自己不喜欢什么。当我觉得这变成了一个我不喜欢的东西，我就会转行，我会告诉自己，一定要先离开。离开这个不喜欢的行业，我才有可能找到一个比较喜欢的行业。

在转到心理学这个领域后，我突然发现这个领域好特别，我开始喜欢它。我找到了一个东西，可以整合心理学和艺术，也就是我现在的工作——表达性艺术治疗，这是我真正喜欢的。现在这个工作的每一个瞬间，我都非常享受。一个人这一生，能从事自己享受的行业，我觉得这是人生的最高境界。

本节要点

教育心得： 我们需要用一个更好奇、更开放的眼光去发现，什么是孩子真正想要、真正适合的。孩子真正想要、真正适合的，才是你该投资的部分。

教育心得： 环境对孩子影响很大，家长需要学会发现孩子的特长，并去创造环境，用环境来影响孩子。

教育心得： 能一生从事自己享受的行业，这是人生的最高境界。

教育心得： 成长中可以转换方向、改变跑道，但一定要找到自己喜欢的、能让自己觉得快乐的行业。

思维盲区： 父母总是很难相信自己的孩子在某方面没有天赋，或者自己的孩子做不好、不会做，父母大都相信"勤能补拙"，因此把孩子弄得很辛苦。

学会跟孩子一起玩，不急于评价

父母应该试着融入孩子的生活，可以跟他们一起玩。如果孩子在一边玩沙，父母也可以去玩玩看，让自己回到童年，跟孩子一起互动。其实这不需要什么技巧，就是"同在"。可是我常常会看到父母比较辛苦的部分，他们失去了玩乐的能力，连如何玩乐都要学习。在玩乐的过程中，人们的智慧、创造力会提高，因为创造力就是在生活中萃取出来的。

比如，孩子在唱歌，我们可以跟他们乱唱，不用纠正说"这里唱错了、这个音不准"，那样的话孩子是不会有乐趣的。我们仔细留意会发现，孩子在玩儿的时候很快乐，就代表他融入了其中。在这个过程中，我们不要急着评价、教导，教导的事情留给老师做，父母要先学会怎么跟孩子玩。

我常常说："你知道吗？我知道怎么教孩子，让孩子的作品变得使家长满意。可是我必须诚实地说，如果我今天为了满足家长真的这样操作了，孩子的创造力就会完全被我们剥夺。"这是我的专业，所以我绝对知道怎么做。

因此我常常问孩子的父母："你要的是一个完美的作品，还是一个孩子的真实状态？"我觉得，父母如果要选择，可以稍微慎重一些，不要那么在乎那个成品。等过一段时间，孩子如果真的很喜欢，也很投入，你真的想让他往这方面发展的时候，我们再开始做技能训练。做这些不能太早，先得让孩子喜欢。

我们之所以有亲子绘画课，其中一个原因就是我看到孩子都没有机会跟父母玩。我认为父母的改变绝对比孩子的改变来得关键，父母做一点小小的调整，孩子就会有很大的不一样。所以我很期待帮助父母，因为孩子其实都很渴望跟自己的父母玩。

玩的过程中不能有评价，所以我会让孩子当老师，父母当学生。在这个过程中，当父母焦虑的时候孩子就会去帮助父母。这让他们有一个角色交换的经验，让父母也能理解孩子的心理。

我还特别要求父母用左手绘画，因为父母用右手绘画的话，孩子很容易受到挫折。这样一来，孩子才会觉得有趣，否则，一有高低的比较，孩子就不想玩了。

同样的道理，我要求在整个创作的过程中，父母都不许跟孩子说话，因为不这样的话，父母就会说你应该这样、你应该那样，你画这个、你画那个，或者你应该怎么怎么样。这样一来，孩子的兴趣和创造性很快就被打折了。

而且，在整个玩的过程中，我不会给孩子的作品按照好坏排序。当我们不排序的时候，孩子才会慢慢地认识到自己的独特，否则他永远都没有机会认识到这一点。在整个创作历程中，我需要让孩子最后出来的成品，是没有受过挫折的。这样的话，孩子的兴趣就会一直被我激发，他们就会一直觉得这很有趣，觉得这个过程是好的。

本节要点

教育心得： 对父母来说，最难的功课就是去了解孩子，去观察孩子，去影响孩子。

教育心得： 跟孩子一起玩是一个很好的帮助孩子成长的方法，玩乐的过程中，孩子的创造性会被激发出来。

教育心得： 家长可以利用自己的资源带着孩子干点别的。

观察倾听，不急于论断

　　根据我的经验，做父母的如果愿意跨越那一小步，其实就能为孩子带来很大的不一样，但是通常父母都期待孩子改变。与其期待孩子改变，我们更应该留心孩子的特质，知道他们的真实感受是什么、平时都在想些什么。

　　身为父母，我们首先需要知道自己的孩子怎么了，或者自己的孩子有哪些特质。在知道了这些之后，第二步才好对症下药。第三步，我们才会问父母："你有没有观察到你孩子的特质？"我们就会通过一些练习及回馈的方式来帮助父母察觉孩子的特质。

　　这个练习是角色互换，让父母体会到，如果他们今天是一个孩子，那么孩子的体验会是什么？一般情况下，当父母的角色互换到孩子身上时，他们都会很有触动，当他们再转换回来的时候，就能够理解为什么我们说的这些东西这么重要。我们让父母练习，练习完了以后让孩子进来，然后让父母重做一次，这时你就会发现，孩子的反应跟之前完全不一样。在这个过程中，我们可以发现，其实不是老师在教父母，而是孩子在教父母。

　　孩子是聪明的、敏感的，其实很多时候他们知道父母要什么，当他们知道父母要什么的时候，很可能会用一个固定的面相来回应父母，从而获得他们想要的。如果父母在教养孩子时，能做一个比较有创造性的父母，比如，下次用不一样的方式回应孩子的错误，那么，孩子一定会思考：为什么这次犯错，妈妈的态度不太一样？从而做出自己的调整。

这样久了，慢慢地你会察觉，原来你的孩子跟你想象的其实不太一样，孩子最聪明的部分就是他会因人而异，他知道怎么为自己争取最大的福利。所以，只有不断地观察、不断地理解他们，我们才有可能发展出更多的可能性和策略。

作为父母，我们都是爱孩子的，我们之所以那么快地想去纠正孩子，是因为我们不希望他们受苦，也不希望他们走弯路，我们希望他们可以用最快的时间得到他们想要的。但是因为我们急，所以我们就会很快下结论、很快指导，我们会很快告诉他们"你这样做是有问题的"。

但是每个孩子的特质都不一样，他们遇到困难和挫折的情境也不一样。当我们用我们所想的方式来告诉孩子的时候，说不定我们局限了他们的可能性。所以，在这个过程当中，做父母的最好稍微忍一下。尽管很想告诉他，但是至少先提醒一下自己，除非孩子做的这件事情有危险性、有伤害性，否则，还是先看看孩子的反应，看看他们有些什么想法，听听他们说为什么会做出这样的行为。他们一定有他们这样做的道理。这样一来，孩子会有比较多的机会尝试自己的想法。

本节要点

教育心得： 角色互换是一个很好的增进亲子关系的办法，在这个过程中，父母可以看到自己平时是如何对待孩子的。

教育心得： 要注意观察孩子和大人的互动，学会理解孩子，帮助他们发展出更多可能性，要做有创造力的家长。

教育心得： 要尊重孩子的神秘性。

留意孩子给我们的反馈

人们对自己的认识常常是透过别人给自己的反馈，所以如果经常有人说你很笨、你怎么什么都不会，你可能还真的会觉得自己是笨的、自己什么都不会。即使你什么都比别人强，可是因为你常在这样的环境里，你很可能就真的相信了这些话。

我常常鼓励孩子们的父母：不用过度夸大孩子的优缺点，而是把透过实际看到的部分、理解的部分，去反馈给孩子，这些具体的回应对孩子的成长才是有利的。

所谓家庭教育，一定是在家庭中跟孩子互动的。孩子不会独自长成那个样貌，一定是跟家里面其他人互动出来的。在这样的一个状况下，做父母的一定要相信自己，相信自己一定是全然地爱着自己的孩子的，只是有时候爱的方式不一定正确而已 ——我们绝对是爱孩子的，但是，如何去找到适合孩子的爱的方式，这是我们做父母最需要思考的部分。

在这种情况下，做父母的不要先否定自己，而要鼓励自己，否则我们很容易受挫折，因为我们的努力不一定会得出所期待的结果。我们需要学会的是，生命中的每一个个体不是必须按照我们想要的方式形塑出来，我们应该为孩子提供更多的可能性和机会。

我还会鼓励家长，去做最重要且最难的事：倾听孩子给我们的反馈。其实孩子有时候会给我们反馈，只是我们常常不愿意听，因为这类反馈通常是不好的，于是我们就常常否定了它，或者不想承认那可能跟自己有关。而当我们拒绝了孩子的回应的时候，孩子就不太会再告诉我们了。

你可以试着回想，在我们作为一个母亲或者父亲的历程中，孩子或多或少都曾经批评过我们，也或多或少劝过我们，只是他们在劝我们的时候，我们都会用一套理由告诉他们我们为什么要这样做。我们并没有真正意识到，孩子可能正在说出他们对我们的期待。

当父母有了孩子的反馈，觉得应该做一点调整和改变时，我觉得父母可以在生活中至少做一点跟过去不一样的事情。当然，如果父母真的遇到一些困难，不知道该怎么办的话，我会鼓励他们去找专业工作者来协助自己。

专业工作者可以理智地告诉做父母的何以要这样，并且会在这个过程中鼓励父母、支持父母，因为改变绝对不是在短短一天内就能发生的。

我们常会觉察自己的条条框框很多，有的父母会发现，孩子在走出自己所管控的边界的时候，常常会做出一些跟自己预期相差很大的行为。所以，如何适度地管教孩子，但又不是全然地操控孩子，这是一个很纠结的历程。

中国父母常常很不自觉地为孩子设定一个框架 —— 期待他能长成这样。可是，孩子有自己的想法，在父母设定的框架下，他们的想法就会被磨灭，这是很可惜的。

我常常说，父母应该稍微收回一点，因为父母的这种控制欲，其实是一种焦虑。我们为什么会这么焦虑？那是因为在我们生活的社会里，周遭有太多的人群来给我们评价，使我们很难成为我们真正想成为的那个自己。你总会考虑身边人对你的评论：老师这样说，邻居这样说，亲戚这样说。于是，你就会有很多压力，到最后，为了别人不再说闲话，就会顺从他们的想法，这跟西方社会很不一样。我们在成长的历程当中是很受周围环境影响的，我们很难成为真正的自己。

本节要点

教育心得：孩子是在家庭的互动中成长的，他不会独自长成这个样子。

教育心得：被允许的孩子、有自信的孩子，更有创造力。

教育心得：不用过度夸大孩子的优缺点，而是把实际看到的部分、理解的部分，反馈给孩子，这些具体的回应对孩子的成长才是有利的。

教育心得：多和孩子表达爱，让孩子的童年多点笑声，理解从付出到达成目标的幸福，做到这三点，事情会简单很多。

最好的自己 = 最合适的定位

我不知道我们的社会以后会发展成什么样，至少在当下，我觉得孩子如果要想纯然地成为他们自己，那么他们也是需要付出相应代价的。

但即使是这样，我依然认为，孩子需要知道这个社会的价值观是什么、规则是什么，或者人们对他们的期待是什么。他们仍然需要知道这些东西，但知道了这些以后，未来是不是真的要符合这样的价值观和规则，这就是孩子需要思考的部分了。

换句话说，孩子需要知道，假如他们不符合这样的价值观和规则的时候，可能会付出的代价是什么，在那个时候，别人会怎么形容他们。他们需要知道，在成长的过程中，不断地听到这些评价可能会很辛苦，而我们作为父母，会怎么去支持他们。

所以，做父母的仍然要让孩子知道这个社会真实的部分是什么，那样他就会明白自己的父母跟外在的世界是不一样的。这个世界一直在转换、一直在改变，身在其中的人需要不断地调整。如果孩子只是依循着别人告诉他的方法生存，那么很可能长大了以后，在这个社会上生存会很困难。

所以我其实并不鼓励，孩子一定要完全成为他们自己，或者要完全成为社会所期待的样子。实际上，我们只需要在这两个极端中间不断地去寻找一个平衡。

有个很重要的点是，假如我今天做了一个决定或选择，我决定成为这个社会期待的样子，前提一定是，这个决定是我自己经过深思熟虑之后做的。这也是在做自己，虽然我的选择符合了社会的期待，但是这仍然是在做自己，因为我考虑过、评估过，我认为这样的方式对我来讲是最合适的，这也是可以的。所以我一直说，这不是一个好和坏、对和错的问题，而是一个怎么样帮助一个人找到他自己的问题。

当我们遵循所谓的对和错的时候，最可怕的部分是丢掉了自己。因为你只是在遵循别人的规则——应该这样或应该那样，忘了自己的本来面目是怎么样的。

很多父母，也就是我们，不太能接受过去的自己。或者说，过去的自己让我们有很多受苦的经验，所以我们就很期待孩子能成为另外一种样子——摆脱我们过去的样子，做到我们当年做不到的事情。"我期待孩子成为那样的人，是因为当年的我太辛苦了，所以我才希望他能成为另一种人，换一种活法。"还有一种可能是，当年我们自己就是这样的，但是我们不喜欢那样的自己，所以我们就不要让孩子成为我们当年那个样子。

在这个过程中，我们可以经常回过头来看看自己，重新思考一下，自己到底是怎么回事。我们今天之所以会有这样的期待，到底是因为什么？我常常鼓励家长，尝试着多花一点时间来思考一下自己。

我在跟自己的孩子互动时，过程也是很辛苦的。因为他和我一样，也是一个非常有自我意识的人，非常有自己的想法。在这个过程当中，我觉得自己学心理学的一个最大的好处就是，知道自己遇到的困难和挫折绝对不会比其他父母少。心理学给我的最大的信念就是，作为父母，我知道自己很爱自己的孩子，我只能用尽自己所有力气，但即使这样，他也不一定能成长为我所期待的样子。

还有就是，在他需要的时候，或者他有一些困难的时候，他基本上都会跟我分享，会让我知道。当一个孩子在他最脆弱的时候还愿意跟你分享，这代表你是值得他信任的人。所以，我很珍惜这个关系，也很希望自己能够理解他、帮助他，然后支持他的梦想。

他的梦想有时候其实跟这个社会是不相融的。我会表达我的想法，我会让他知道，如果他真的决定成为这样的人、过这样的生活，他可能会遇到的很辛苦的部分是什么。在知道了很辛苦的那部分之后，如果这依然是他想追寻的，那么，代价我们就一起承担。

我觉得，之所以我可以有这种教育态度，一定是因为我的父亲。我的儿子跟我很像，都不是乖乖的孩子。我们的脑中都充满着创意，常常会在生活中捣蛋。我非常感谢我的父亲，我父亲也是学教育的，从小到大，直到他离开这个世界，从来没有指责过我，从来没有惩罚过我。我每次犯错的时候，我父亲都会告诉我，下次不要再这样。

但是我毕竟是孩子，就算这个错误不再犯了，我还会犯别的错误。于是，我就看到我的父亲，不断地相信我，也不断地接纳我。在这个过程里，我觉得我父亲送给我的最好的礼物就是自信，其实很多人都比我有能力，都比我条件好，可是我真的很感谢我的父亲让我学会了相信自己，做一个敢于冒险、勇于面对问题的人。这个礼物很珍贵，我也期待可以把这么美好的礼物传承下去。一个人，当他真的愿意相信自己的时候，就会觉得困难不再是困难。

我相信我的孩子会觉得我是一个即使 60 岁了，但还是充满着活力、充满着动力，愿意终生都持续学习的妈妈。他应该会觉得我是一个很有自己想法的人。

作为他的母亲，我相信他应该会期待我能有更多的时间陪伴他，因为确实在他成长的过程当中，我能给出的陪伴太少了。但是他也曾经很伤心地告诉我说："我可不可以请您不要这么爱我？"

他在说这句话的时候，作为一个母亲，我听到后其实很受挫，换句话说，明明你很爱一个人，但是你被拒绝了。好在我有心理学的底子，在那个当下我反应过来，可能因为我的那份爱对他来说是有压力的，他可能觉得他是被期待的。所以我后来就回应他，你可以拒绝我给你的爱，但是你不能要求一个做母亲的不爱你，爱你是一个母亲一辈子唯一能做的事。但是，你可以选择退货，却不能管我要不要爱你。后来我发现我对他的回应对他来说很重要，我让他知道，他可以拒绝我的期待，也可以拒绝我这份爱。

但是我一定要告诉他，我真的很爱他。

我说就像别人送你礼物，你可以不收，但是你不能要求别人不送你礼物。你不能控制别人，也不能规定别人要怎么样，但是可以决定你自己。在这个互动的过程中，你可以选择怎么去拒绝，也可以选择怎么去接受。

本节要点

教育心得： 要让孩子适应真实的社会。

思维盲区： 孩子不一定要成为他们自己，也不一定要成为社会所期待的样子，我们需要帮助他们不断地在两者之间找到最合适他们的点。

思维盲区： 父母对孩子的诸多控制最容易导致的结果是，孩子在离开父母的管控边界后，常常做出与他们预期相差很大的行为。中国父母总是不明白要如何适度地管教孩子。

创造性需要冒险精神

一个有创造性的孩子，如果被过度地规范、压抑，那么他的创造性就很难发挥出来。所以通常一个有创造性的人，在生活环境中，需要被不断地鼓励。我们需要不断地给他一些刺激，他才会不断地有创意，并且这个创意需要一定的冒险性。如果一个孩子什么都不行，说明这个孩子绝对不敢冒险。遵循常规是最容易的，而冒险可能会付出代价。

所以如何给孩子提供一个可以冒险的环境，是我们应该考虑的。有时候，如果孩子过度地遵循完美，那他的创造性就会大打折扣，所以有时不那么顺从也没有关系。一个孩子，只要他勇于冒险，他的创造性就会出现。

本节要点

教育趋势：要培养孩子的创造性。

教育心得：要让孩子拥有内在的"自驱力"。

后记

焦虑的力量

　　"家长"这一称谓让很多人有着监护人的强大职权，但这并不意味着家长可以为所欲为，这是一种新型家庭观内部的民主。在城市里，对孩子进行体罚的事例越来越鲜见，而在上一代，家长打孩子可是有着数不胜数的案例。

　　为人父母后，父母自动地把自己代入"家长"的角色中，在关于教育的社交与互动中，身份证上的名字没有人去称呼，取而代之的是"孩子的小名＋爸爸（妈妈）"，这听起来相当容易产生歧义：苗苗妈妈、果果爸爸……似乎是小朋友在一起过家家。

然而这一代孩子们的家长，承受的压力，相较于他们的上一辈而言，可以说有过之而无不及。我们主要描述的是中等收入的家庭，因为他们最具代表性。首先，他们生活在城市里；其次，他们有一份稳定的、比上不足比下有余的收入，这便有了教育投入的可能——他们希望孩子未来能够实现自己的人生梦想，尽管他们口头上表示只要孩子幸福、快乐就可以了，但内心却有着殷殷的希冀，这种希冀自然是关于阶层跃迁的欲望，谁不希望自己的孩子出人头地呢？

正因为有这样一个"教育欲望的共同体"存在，家长们不得不携同（绑架）自己的孩子，一起踏上残酷竞争的征途。成才道路千万条，赢在起跑第一条。中国人用敏锐的社会经验告诉自己：既然竞争不可避免，你唯一要做的就是努力，剩下的事情交给机遇。

况且，所有深明当代教育国情的人士都知道：

成才道路哪有什么千万条，颠扑不破的只有考试，通往未来的道路如同打怪升级的游戏，其生产要素由两方面构成：家长的财富投入以及学生的时间投入。这便产生了一系列社会的讨论热点：学区房、择校、上岸、985大学、爬藤、鸡娃（给娃打鸡血）、顺义妈妈与海淀妈妈、海外陪读……然后当然是对"哈佛凌晨两点半"的不实想象。

焦虑是如何产生的？一方面，它来自你对不确定的风险的担心；另一方面，它来自你的决策和你的实际能力——超越能力范围的事，是最能带来焦虑的。

"焦虑"这两个汉字十分形象，"焦"字是一只短尾鸟在火上烤，"虑"字是担心老虎来吃人。用"焦虑"来形容我们的家长对教育的态度再恰当不过，他们宁可放弃职场上的竞争优势，也要对自己的基因传递负责。这或许也是"自私的基因"之奥秘的组成部分。

　　许多人认为竞争的压力导致教育正在"内卷化",事实上"内卷化"还远远没有到来,现在只是粗放式的口径太小的缘故:竞争单一化、成才单一化、成功单一化。我们的学校千人一面,我们的教育政策一刀切,我们的理念是唯名校是从。这些导致教育资源与优势培育无法展开。假如说每一个孩子都是天才——这一点众多的教育卓越者都已论证过——那么教育要做的事是发展每一个孩子的优势,补足其劣势。我们当然知道袁隆平是培育水稻的专家,但显然他也没办法把小麦培育成水稻,小麦就是小麦,小麦也很好。然而我们的教育问题是,要用水稻的指标,去衡量小麦、大葱、土豆、花生米……想起这一点,我就恨不得撞墙。

　　一个孩子从 4 岁开始,就要接受学前教育,等他本科毕业时,他在教育上花的时间已经多达 18 年了。然后开始找工作或深造,这时他的上级或导师，发现他不过是"废柴"一根，什么都不会，什么都不懂，什么都不知道，还得手把手从头来教。所有人都委屈极了。家长、学生、学校、工作单位，形成了一条委屈链。那么你可以想想，从焦虑到委屈，这中间发生了什么？等待家长的命运，最后只能是委曲求全了。我要严厉地警告：当代的家长有可能是最不负责任的群体，他们培育后代，只是为了将来推卸责任——看，我已经把你养到18岁了；看，我已经把你供到大学毕业了……

教育是什么呢？大可以引用木心的一句话："时时刻刻不知如何是好。"就像面对婴儿出生的那一个灿烂的时节，初为父母的人战战兢兢，颇有《易经》中"夕惕若厉"的神态。后来，"惕若无咎"消失了，"大包大揽"来临了。假若我们要回到教育的状态，不妨回想一下，初心萌动时，我们与婴儿朝夕相对，世界不复存在的那种专注之情。

老子所言"专气致柔，能如婴儿乎"，或许为人父母者，都曾有过实打实的"专气致柔"初体验。教育之理念，便在"专气致柔"四字，而千万别弄成了社会人的"一心致残"。柔如婴儿，用西方的哲学思想来看，其"主体性"在于婴儿，而不在于家长、学校。也就是说，教育要以学生确立其"主体性"，使其情志得到伸张、意愿得到达成、理想得到实现，而不是如同模具化，将所有的人培养成一个模具，否则，即便西瓜的本性是圆的，加一个方的模具，将来也是方西瓜。

"方西瓜"是个隐喻，它意味着哪方面都不突出，唯一适合的是搬砖、成为建筑材料。这一点，我在工作中深有体会，带实习生时，我最大的痛苦在于他们的出品，虽然让我挑不出毛病，但也叫我说不出优点。我深深意识到，我们的名校，正在把孩子们培养成平庸的人，或者说培养成一个个方西瓜。那些出格的、长短板突出的、个性强的、意气用事的、不乖巧的、兀自生长的，经过层层筛选机制，已经不在教育讨论的范围之内了。而这恰巧是个思维盲区，或者构成了信息茧房——我们自以为是地在自己的地盘上维系一套规则。

然而这个世界面临着更大的不确定，它正在加速度地变化。智人与人工智能交换轨道的奇点已经来临——这宣告着整个人类都将有落伍的危险。而我们的教育，如果继续自以为是，不用开放性的心态面对未知，其结果自然是难堪的、被动的，甚至成为一个披着教育外衣的、权力和商业合谋的"阴谋"。

这些都让我们越来越警惕，对教育问题的反思和辩论，要充分而且通畅地展开。对于教育的新理念、新探索，我们要给予巨大的热忱和必然的关怀。

也就是说，我们的家长，大可不必如此焦虑——因为所有人面对的困境是一样的——即便是一个受人尊重的老校长，他要处理的教育事务，其束手无策的程度，也不比一个初为父母的人轻。他看到的境况，自己也无从置喙，也革习不了。但是一旦回到某个具体的事上来，面对某个具体的人，我们的教育高光时刻便又来临了，有可能你的一个眼神、一句话，便能为一个少年照亮整个世界，让他相信善的存在、美的高贵，让学生心中的理想与火种不熄，这才是教育最应该做的事。

我们的家长，尤其不要把孩子的教育当作负担、当作责任，否则，你潜意识里始终会有"推责""问责"的念头冒出。孩子童年时，我们将其推给辅导班；少年时，我们将其推给学校和课外班；上大学时，我们就完全撒手不管了，任其自由发挥，似乎宣告任务已经完成。家长们不是没有想过，如何克服代沟，如何跟孩子成为朋友，但做起来总是不适应。当孩子有些孩子气地跟你沟通，你会很高兴地应答，其实你只是觉得他可爱，你只爱孩子可爱的那一面；而到他叛逆期时，当他推荐他喜欢的电子音乐给你时，当他谈论你不感兴趣的话题时，你中年冷漠的那一面便暴露无遗——你对世界丧失了好奇心，不过是为了捍卫自己固有的脆弱。

此时，你的焦虑接踵而来，世俗应酬、现实功利、人情算计、职场暗战等，与脱发和失眠一起袭来——自我安顿尚未完成。我们希望教给孩子的，往往是我们自己尚不能胜任的那一面。

不管怎么说，焦虑这种情绪，它是一种能量，它可以改变。问题是我们怎么用好焦虑这种力量，并且能够化焦虑为动力，不受其困扰。答案也许并不在外界，外界千变万化，并不能一劳永逸，而且即便你选择了一个最佳答案，它也有"塞翁得马"的危险。好事和坏事是如此辩证地发生，非人力可及。尤其在教育上，我们应该学会"失控"，只有你失控一点点，孩子的空间才多一点点，他自我的意志与内心驱动力，才能信马由缰地生长，将来才不至于成为"空心人"——我认识一个美院毕业的职业艺术家，美院训练了他的手，他表达的技术和能力异常成熟，如何表达他几无障碍，但要表达什么，他却一片茫然。人就这样被教育毒害了，他成了一个合格的工具人，父亲让他画什么他就画什么。

这本书讲述了教育的一些秘密，它并不是借助了名人效应，而是让那些有智慧的人士来讲述，教育究竟应该怎么办。八万四千个法门，如何才能"自适应"于你的家庭教育。教育也不是小白鼠的试验，以便去成就伟大的教育家。教育是生命与成长的题中应有之义，平等对话是这一切的基础。你要让孩子佩服你，他才会听你去讲述，否则，他只会假装相信你讲的大道理和说教之词。从那一刻开始，教育便已离两个生命而去。

如果要提供一个药方来缓解家长的焦虑，我只能说，首先，对孩子最好的教育是你要试着去自我教育、自我完善；其次，你最好不要提教育这个词，它很容易形成对立面，你要学会与孩子成为朋友。你们朝夕相处，很有可能成为朋友——朋友之间是没有命令语气的。我见过一个妈妈，她对孩子的日常用语之中，命令语气占了80%：放下手机、去写作业、去洗手、收一下碗、为什么连屎都擦不干净、集中注意力、记得喝水……

我想等孩子长大了，他能跟这样的妈妈聊什么共同话题呢？这难道不是一代又一代人的悲哀吗？

胡赳赳

此念课堂